TRADE MARKETING SIMPLES E FÁCIL PARA SUA EMPRESA DECOLAR

TRADE MARKETING SIMPLES E FÁCIL PARA SUA EMPRESA DECOLAR

ALEXANDRE ARAGÃO

r.ed

Produção Editorial **RED TAPIOCA**
Projeto Gráfico e Capa **LEO EYER**
Diagramação **JEAN PAULO FAUSTINO E NATALLI TAMI KUSSUNOKI**
Ilustrações **LUIZA TERRA**
Revisão **THAIS TEIXEIRA MONTEIRO**
Impressão **GRÁFICA VOZES**

Dados internacionais de catalogação na publicação (CIP)
(Câmara Brasileira do Livro, SP, Brasil)
Tábata Alves da Silva - Bibliotecária - CRB-8/9253

Aragão, Alexandre

Trade marketing simples e fácil para sua empresa decolar /
Alexandre Aragão — Rio de Janeiro : Red Tapioca, 2024

ISBN 978-65-86026-10-8

1. Clientes - Relacionamento 2. Marketing - Administração
3. Sucesso nos negócios 4. Vendas - Técnicas I. Título.

24-193862 CDD - 658.81

Índices para catálogo sistemático:
1. Vendas : Administração estratégica : Marketing : Empresas 658.81

www.alexandrearagao.com

Dedico este livro aos profissionais que, atuando para melhorar a experiência de cada shopper em cada PDV, proporcionam momentos de compra mais agradáveis na vida de tantas pessoas.

Agradeço à minha família, sempre ao meu lado.

Agradeço aos meus sócios por toda confiança, comprometimento e talento dedicado em tantos anos de luta.

Agradeço a tantos amigos, realmente feras em trade marketing, com quem tive o privilégio de conviver e aprender em anos inesquecíveis na BAT, e que hoje espalham seu talento por tantas empresas e lugares ao redor no mundo.

Agradeço aos profissionais que escolheram estar conosco e colaboraram com criatividade e suor para fazer boas ideias acontecerem, desde a fundação da agência de marketing WeDo até a criação do software de gestão Team and Field (ex PDV Info).

Agradeço a centenas de clientes que confiam no nosso trabalho e nos permitem com isso agregar um conhecimento e uma experiência prática que nenhuma escola do mundo poderia nos dar.

Espero poder contribuir, por meio deste livro, com um pouco de tudo que recebi.

SUMÁRIO

TRADE MARKETING NO PDV 4

PLANEJAMENTO DE TRADE MARKETING 5

Introdução

O objetivo principal deste livro é descomplicar a vida de gestores e empreendedores, que muitas vezes pensam que uma gestão de trade marketing só é possível para empresas com grandes estruturas.

Claro que o tema trade marketing é muito amplo, e é possível complicar muito se você quiser.

Mas, no fundo, estamos falando de pessoas satisfazendo suas necessidades através de produtos disponíveis em locais de vendas.

Acredito que, com inovação e conhecimento, é possível alavancar milhares de micro, pequenas e médias empresas através da utilização das ferramentas de trade marketing.

Vamos lá?

Onde estamos?

Quando pensamos em trade marketing, podemos imaginar que trata-se de uma metodologia criada e tirada do papel por uma grande indústria ou um grande pensador.

Na verdade, o trade marketing foi se desenvolvendo de uma forma bastante natural, como uma resposta à evolução ocorrida no mercado, que envolveu três principais players: a indústria, o canal de vendas e o consumidor (ou shopper, como veremos mais adiante).

Hoje, a ideia de trade marketing está presente nas principais indústrias de bens de consumo, seja como uma estrutura autônoma ou junto às áreas de marketing ou vendas. Não importa. O fato é que sua importância cresce a cada dia, atuando junto à indústria e aos canais de venda, para uma jornada ganha-ganha e a conquista do consumidor final.

A indústria dita o jogo

Não precisamos ir muito longe. Na primeira metade do século XX — algumas décadas após o fim da Revolução Industrial, o mercado dava sinais claros de quem "mandava no pedaço".

Henry Ford revolucionou o mundo com um processo produtivo inovador. Pela primeira vez os produtos seguiram a tal linha de produção e, nesse início, uma premissa fundamental era que todos os produtos que saíam da linha deveriam ser iguais.

Lembra da célebre frase de Ford: "O consumidor pode escolher um Ford de qualquer cor, desde que seja preto"?

O foco principal era viabilizar a produção pelo menor custo e para mais pessoas, uma vez que existia uma grande demanda reprimida.

Por muitos anos as indústrias dominaram o mercado durante um tempo em que tudo que era produzido era vendido.

O consumidor não tinha escolha e o pequeno comerciante era apenas um elo que nada agregava, somente vendia os produtos padronizados oferecidos pela elite industrial.

Daí o surgimento de grandes grupos industriais que ditavam as regras de consumo, como Nestlé, Coca-Cola, Unilever e Gillette.

A coroação do consumidor

Esse cenário começou a mudar no pós-guerra — lá pelos anos 60 — quando o mercado começou a se desenvolver mais fortemente nos países desenvolvidos, demandando uma maior variedade de ofertas e uma melhor qualidade dos produtos.

Esse processo de amadurecimento de um novo consumidor, mais crítico e exigente, durou algumas décadas e fez a indústria buscar visualizar o mercado com novos olhos.

No momento em que o consumidor passou a ser o centro das atenções, o foco total das indústrias era satisfazer as suas necessidades, ou pelo menos comunicar isso em suas peças publicitárias.

Nessa época, as grandes marcas contavam com campanhas maciças de mídia para que fossem lembradas e compradas.

O ponto de venda era, ainda, uma variável que não recebia muita atenção das indústrias ou dos consumidores, sendo uma espécie de commodity que não interferia na equação.

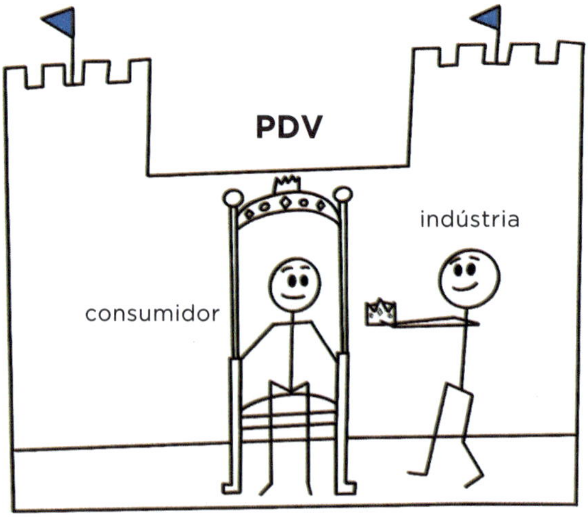

Concorrência em ação

O próximo passo lógico das indústrias, que queriam satisfazer seus consumidores em um mercado cada vez mais segmentado, foi o de lançar novas marcas, versões e produtos.

De fato, o nível de novos lançamentos era a cada dia maior e chegava a dezenas de milhares por ano.

Esse aumento significativo nas opções de produtos gerou um gargalo e uma consequente disputa por um lugar ao sol (no caso, por um lugar no PDV).

As indústrias passaram a se dar conta de que, sem a presença de seus produtos nos canais de vendas, os mesmos não poderiam concorrer na decisão de compra, de nada adiantando todo o esforço de comunicação direcionado ao consumidor final.

Desta forma, ao final do século XX, o cenário havia mudado. A concorrência entre as indústrias já estava bem maior, com um aumento substancial do portfólio de produtos existentes, levando o consumidor a uma maior indecisão de compra frente a um cenário ampliado de ofertas.

O varejo entra em campo

Primeiro na Europa e nos Estados Unidos, depois no resto do mundo, as grandes redes varejistas cresciam e ganhavam força. A profissionalização vinha a reboque.

Estas grandes redes varejistas — que tiveram seus espaços de exposição supervalorizados — se profissionalizaram e passaram a concentrar parcela significativa do mercado, buscando desenvolver elas mesmas as suas marcas e estratégias para fidelizar seus clientes.

Agora, elas selecionavam o que seria vendido em suas lojas, exigindo produtos de boas marcas e/ou maiores descontos e/ou maior rentabilidade, a fim de ganhar mercado perante seus concorrentes.

Era necessário gerar alto fluxo para dentro das grandes lojas e fazer girarem os estoques de forma eficiente e rentável. Por isso, suas vontades eram impostas perante seus fornecedores, ávidos por espaços em suas prateleiras.

As grandes marcas, com consumidores fiéis, conseguiam se sair melhor nesse verdadeiro cabo de guerra mercadológico.

“A concorrência levou as indústrias a perceberem a importância vital do PDV”

A concorrência, novamente

O esforço expansionista das grandes redes levou a uma guerra mercadológica entre elas e a uma exigência cada vez maior perante as indústrias, com o objetivo de repassar ganhos e fidelizar seus clientes.

Por outro lado, os varejistas buscavam reduzir desperdícios em suas operações, obtendo melhorias na exposição e venda de produtos, ampliando serviços e fortalecendo sua estratégia de mercado.

O resultado?

Varejistas com margens apertadas, fabricantes realizando concessões antes inimagináveis e um cabo de guerra permanente, colocando à prova principalmente pequenas e médias indústrias que não possuíam marcas tão fortes e que, assim, ficavam à mercê da vontade dos varejistas para que seus produtos pudessem ser expostos a seus potenciais compradores.

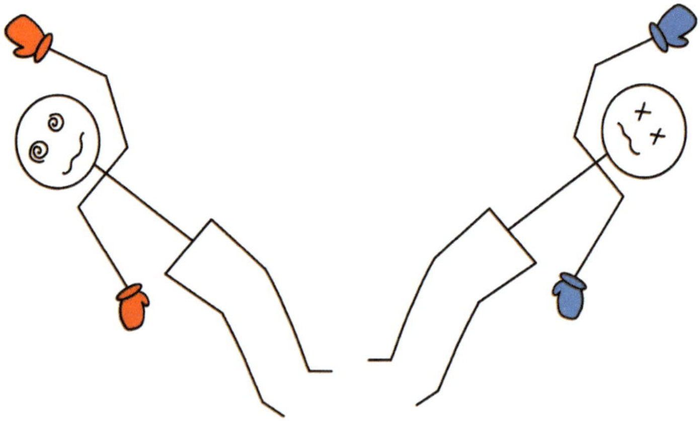

Uma evolução natural

Diante dos acontecimentos mencionados, foi surgindo uma forma natural de atuação para fazer frente às novas necessidades mercadológicas existentes.

As práticas tradicionais, com foco exclusivamente no produto e na publicidade voltada ao consumidor final da marca, começaram a ser questionadas.

A interação e o processo comercial entre fabricantes e varejistas passou a demandar uma gestão até então diferenciada de marketing e vendas.

Naturalmente, começou a haver uma necessidade de interação maior entre essas áreas.

Enquanto a área de vendas passou a solicitar apoio do marketing para atender aos interesses das redes varejistas, a área do marketing, em contrapartida, passou a solicitar o apoio de vendas para a implementação de ações de merchandising nos pontos de venda.

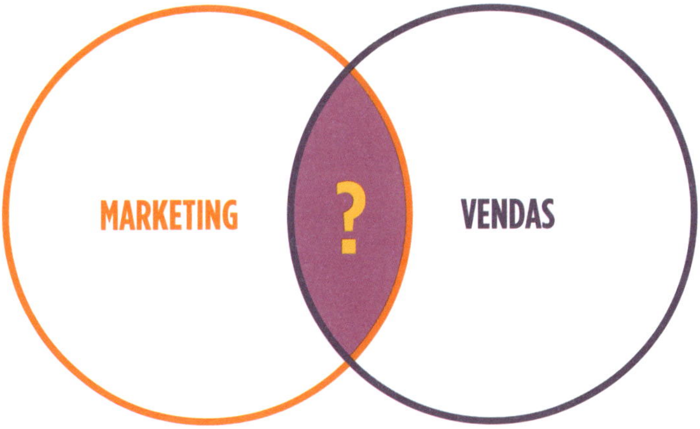

Era evidente a necessidade da soma de forças entre marketing e vendas para garantir a implantação da estratégia das marcas nos PDVs. Apenas uma maior integração poderia fazer frente ao novo momento e garantir a presença do mix de produtos corretos, de forma eficiente, nos canais de venda definidos.

A visão até então presente nas áreas de vendas e marketing foi ampliada, e o foco junto ao PDV passou a ir além da indústria enquanto mera fornecedora de produtos. Neste novo cenário tornou-se importante entender e satisfazer as necessidades do consumidor em seu momento de compra, sendo, para isso, necessário ampliar as sinergias e a atuação junto aos varejistas.

Trade marketing é o filhote das áreas de marketing e vendas e, como todo filho, possui características de ambas, mas personalidade própria.

Resumindo...

As indústrias dominavam o mercado, em um tempo em que "tudo que era produzido era vendido".

Os canais de venda eram pulverizados e compostos por pequenos comerciantes sem força perante as indústrias.

Nessa época, grandes grupos industriais ditavam as regras de consumo.

No pós-guerra, o consumidor passou a ser mais crítico e exigente e passou a ser o centro das atenções.

A concorrência levou a uma série de novos lançamentos pelas indústrias.

Enquanto isso, as grandes redes varejistas cresciam e passavam a abocanhar parte significativa do mercado.

Cada vez mais os canais de venda se preocupavam com a sua própria marca e estratégia de mercado.

Com a concorrência a cada dia mais acirrada, as indústrias eram mais exigidas e precisavam fazer concessões para ter seu lugar no PDV.

TRADE MARKETING

Ao longo desse processo surge o trade marketing, que irá atuar integrando os objetivos das indústrias e dos varejistas, em prol da conquista do consumidor.

Surge o trade marketing

Com o foco se ampliando para além da comunicação direta entre a indústria e o consumidor final, passou a ser necessária a inclusão de uma estratégia voltada aos varejistas como elemento essencial para a continuidade das vendas e para a construção e sobrevivência das marcas.

As indústrias passaram a ter a necessidade de conquistar espaços para os seus produtos e a buscar uma estratégia no PDV, adequada para atrair seus compradores e gerar a melhor experiência de compra possível.

É dentro desse contexto que se desenvolve o trade marketing, ou o marketing no trade.

O trade marketing agrega valor às operações, ampliando os resultados das indústrias e dos canais de venda como consequência direta de uma melhor experiência de compra.

O trade marketing é o ponto de encontro entre indústrias, varejos e consumidores.

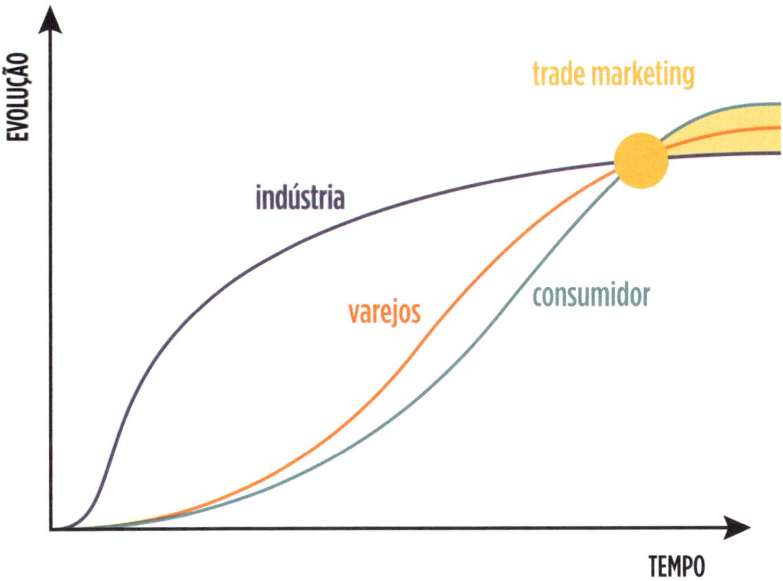

Atuação

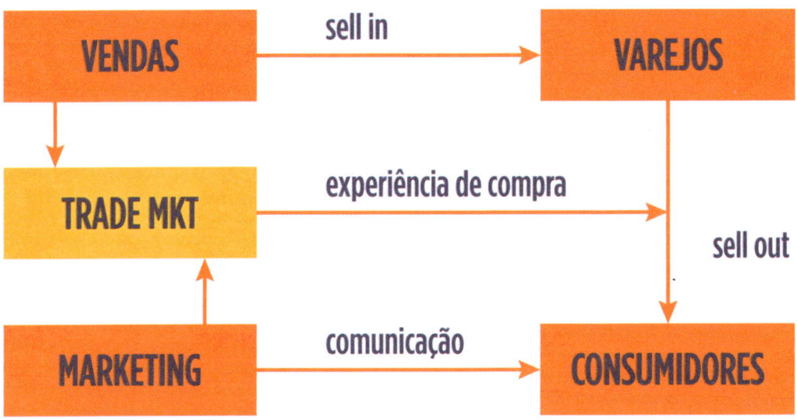

O trade marketing atua na sinergia entre as áreas de vendas e de marketing, para que a indústria possa trabalhar em conjunto com os varejistas na oferta de uma melhor experiência de compra para seus consumidores.

Assim sendo, os esforços de comunicação e de vendas da indústria ao varejo (sell in) são recompensados por maior demanda de seus produtos no PDV, melhorando o sell out e os resultados de todos os envolvidos.

RADE

“Trade marketing é a disciplina da conquista do consumidor em seu momento de compra”

MARKETI

O cenário atual

Nenhuma indústria — seja de pequeno ou grande porte — pode fugir da realidade atual, em que a supervalorização do espaço nos PDVs torna a simples oferta de seu mix de produtos um grande desafio.

Mas há luz no fim do túnel, pois, diferente de outros momentos da história nos quais predominava uma das forças, o cenário atual parece estar caminhando para um maior equilíbrio entre os poderes do mercado.

O trade marketing tem papel fundamental nesse processo.

Pode-se vislumbrar, portanto, um futuro de maior parceria e colaboração entre indústrias, consumidores e varejistas.

Essa maior parceria passa por alguns aspectos e desafios:

- A mudança do comportamento do consumidor, dada a enorme e crescente influência das redes sociais e do e-commerce, que abre um leque imenso de possibilidades.
- A expansão acima da média dos varejos locais e das redes regionais, abrindo espaço para marcas de sua região.
- A profissionalização crescente de outros canais de distribuição, como farmácias, lojas de conveniência, feiras, delicatessens e padarias.
- A busca pela diferenciação das grandes redes de varejistas e atacadistas, com a oferta de produtos e serviços inovadores.
- A busca dos fabricantes por uma atuação em parceria com os pontos de venda.
- A utilização de canais alternativos junto ao público target de cada indústria.

Além disso, a busca pelo aumento do fluxo para as lojas e pela elevação do ticket médio nas vendas faz parte de um esforço contínuo das redes varejistas, que têm os fabricantes e suas ações de trade marketing como aliadas.

“Trade marketing bem-feito é uma equação ganha-ganha-ganha”

FIQUE ATENTO!

As redes de varejos regionais, mais próximas do consumidor, têm crescido a taxas mais aceleradas do que as grandes redes nacionais.

A procura por produtos locais e diferenciados começa a se acentuar mesmo nas grandes redes, que querem se diferenciar e oferecer novidades.

É mais fácil negociar com redes locais e regionais do que com grandes redes nacionais. O famoso "comer pelas beiradas", pode ser a solução.

Consumidor X Shopper

O que temos chamado até aqui, de maneira mais genérica, de consumidor na verdade pode assumir papéis distintos dentro de um processo de compra e de consumo.

O consumer (consumidor final): é ele quem usa ou consome, sendo que a sua experiência pode ou não influenciar uma nova compra, mesmo não sendo realizada por ele próprio.

O shopper (comprador): é responsável pelo processo de compra, desde a escolha do local até a seleção de produtos e serviços que serão efetivamente adquiridos.

O consumer e o shopper podem ou não ser a mesma pessoa, mas é certo que, mesmo não sendo, existe importante interação e influência entre eles.

Afinal, quem é responsável pela decisão de compra?

A consideração de compra na maioria das vezes começa antes mesmo de o cliente entrar em um canal de vendas. Ela é influenciada por sua experiência com o produto/a marca, seja através do consumo próprio ou de pessoas a sua volta.

O peso de uma decisão anterior à ida até a loja varia de acordo com o tipo de produto a ser adquirido. Produtos com maior preço e/ou maior complexidade e/ou menor rotina de compras tendem a ter um direcionamento de compra feito antes da chegada ao PDV; enquanto produtos de menor preço e/ou menor complexidade e/ou propensos a compras por impulso tendem a ter sua decisão de compra tomada no próprio local.

Quem decide a compra?

CONSUMER | **SHOPPER**

CONSUMER	SHOPPER
Utiliza o produto ou serviço adquirido.	É influenciado pelo ambiente em que compra.
É influenciado pela publicidade e redes sociais.	É sujeito a novidades e compra por impulso.
Pode promover ou detratar uma marca de acordo com sua experiência de consumo.	Pode promover ou detratar um local de acordo com sua experiência de compra.

Enquanto os esforços de marketing para o consumidor final têm como foco o reconhecimento de marca, seus atributos e a experiência na utilização do produto ou serviço, o marketing centrado no shopper é focado em estar presente, facilitar sua escolha e tornar sua experiência de compra mais fácil e agradável.

O processo de compra

1

DESCOBRINDO OU RECONHECENDO NECESSIDADES E DESEJOS

"Acho que vou ao mercado! A geladeira está vazia."

"Preciso agora ou deixo pra depois?"

"O Natal tá chegando. Vou comprar logo os presentes."

"Legal essa propaganda! Quero experimentar."

2

PESQUISANDO E MAPEANDO SEU HISTÓRICO DE COMPRAS

"Vou aqui do lado... é mais perto."

"Melhor ir no shopping que tem mais opções."

"Da última vez estava caro... melhor ir a outro lugar."

"Vou pesquisar pra ver onde encontro o melhor preço."

3

ENCONTRANDO E SELECIONANDO AS MELHORES OPÇÕES

"Que embalagem bonita! Vou experimentar."

"Essa aqui eu compro sempre e não tem erro."

"Hummm... deixa eu ver qual dessas é mais barata."

"Olha só essa novidade. E em promoção!"

4

REALIZANDO, POSTERGANDO OU DESISTINDO DA COMPRA

"Missão cumprida. Agora é só pagar."

"Acho que vou levar esse chocolate aqui também..."

"Pensando melhor, não vou levar esse aqui não."

"Pode pagar em quantas vezes?"

Canais de vendas

Através dos canais de vendas, os produtos e serviços são expostos, comunicados, vendidos e entregues aos shoppers.

Estes, por sua vez, têm incontáveis opções de locais para atender suas necessidades e fazem a seleção a partir de critérios como o tipo de produto a ser adquirido, a localização da loja, o horário de funcionamento e, obviamente, as preferências baseadas em gostos e experiências pessoais.

Os canais de vendas físicos podem ser agrupados por empresas que possuem atividades e características semelhantes: mercados, farmácias, lojas de conveniência, atacadistas, distribuidores, home centers, entre outros.

A influência do canal de vendas sobre a escolha do shopper varia de acordo com as características do produto comercializado.

As compras por impulso, já mencionadas anteriormente, são compras de menor valor, cuja decisão é feita rapidamente pelo shopper, e acontecem basicamente devido a uma boa exposição do produto, geralmente próximo ao caixa. Compras de produtos recorrentes mais simples, como pão, leite e outros itens do dia a dia, têm grande chance de ocorrerem sempre no mesmo local e terem um mesmo leque de marcas escolhidas, a não ser que haja uma ruptura ou uma novidade que chame a atenção do comprador. Já na comercialização de produtos especializados, como um maquinário, existe uma maior pesquisa prévia sobre o que será comprado, reduzindo-se a influência do ponto de venda na decisão final de compra.

Dessa forma, a oportunidade para que o fabricante trabalhe sua marca no PDV varia de acordo com o canal de vendas utilizado e o tipo de produto comercializado.

A estratégia de marketing deverá se adequar às características de comportamento do shopper em cada canal e deverá levar em conta essas e outras importantes segmentações mercadológicas, que serão consideradas no momento da alocação de recursos da empresa e de cada uma de suas marcas:

SEGMENTAÇÃO	EXEMPLOS
Tipo de atividade	Padaria, posto de gasolina, banca de jornal, mercado, atacado, home center, etc.
Área geográfica	País, UF, cidade ou bairro
Área de venda	Por regional, território ou zona de vendas da empresa
Perfil de público frequentador	Público influenciador?
Mix de produtos	Mix de maior ou menor margem de contribuição?
Faixa de volume de vendas	Baixo, médio ou alto volume
Importância para a empresa	Key account?
Pertencente a uma mesma rede	Redes locais, regionais e nacionais

Do ponto de vista do acesso ao mercado, os fabricantes podem optar por estratégias distintas de distribuição: a venda direta ao consumidor, a venda indireta (por meio de terceiros) ou uma combinação entre as duas acima.

A escolha dependerá de fatores como:

- tipo de produto ou serviço vendido;
- capacidade operacional;
- necessidade de capilaridade de distribuição;
- grau de dificuldade da venda e da entrega;
- preços e margens de lucro;
- opções mercadológicas existentes.

Sistemas de distribuição

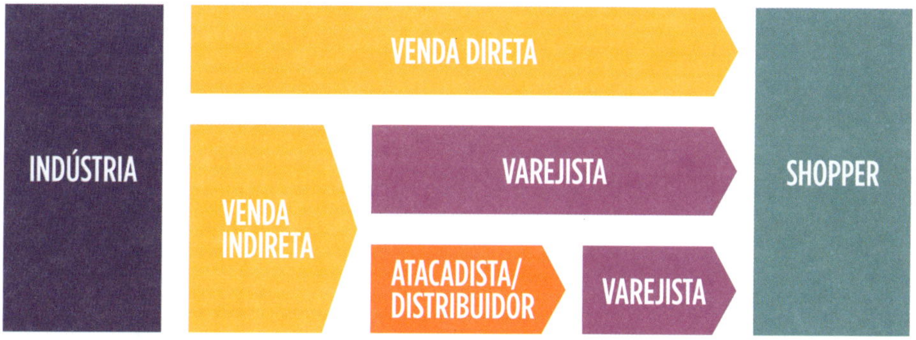

O gerenciamento de categorias

Como já vimos, a briga era grande...

- **Entre as redes varejistas**, com a corrida por um expansionismo sem precedentes.
- **Entre as indústrias**, com o lançamento de novas marcas e versões, que levaram a ofertas cada vez mais numerosas.
- **Entre as redes varejistas e as indústrias**, com um cabo de guerra por preços e espaços.

Essa dinâmica de mercado estava levando a um jogo perde-perde para todos.

O gerenciamento de categorias surgiu dentro deste contexto: era necessário um trabalho em equipe para aumentar o tamanho da pizza. E isso só seria possível melhorando ainda mais a experiência do shopper.

Fazendo a pizza crescer

A implementação de um processo de gerenciamento de categoria (GC) contempla um conjunto de ações que tem como objetivo final o incremento da rentabilidade advinda de um melhor entendimento do shopper e de sua relação com o PDV.

A fim de explorar o espaço limitado de cada PDV, o GC organiza os produtos por categorias, de acordo com as necessidades do shopper naquela ocasião de compra, de forma a maximizar sua experiência e o consequente resultado de vendas.

O fato é que o shopper, em geral, fica um pouco confuso diante das inúmeras possibilidades de compra que existem em um varejo. O GC visa facilitar esse processo decisório e motivar vendas adicionais através da organização de grupamentos de produtos — chamados de categorias — formados por itens complementares ou substitutos, que melhor atendam às necessidades e aos desejos do consumidor.

Desta forma, as categorias são agrupadas tendo em visto a capacidade de atender as necessidades dos clientes e atraí-los ao ponto de venda, e pelo papel que cada uma delas possui. A categoria de higiene, por exemplo, engloba produtos como sabonetes, shampoos, desodorantes, pastas de dente, condicionadores, entre outros.

Cada categoria pode ser definida como Categoria Destino, Categoria Rotina, Categoria Ocasional ou Categoria Conveniência, como mostra o quadro abaixo.

Tipos de categorias

CATEGORIA DESTINO	CATEGORIA ROTINA	CATEGORIA OCASIONAL	CATEGORIA CONVENIÊNCIA
produtos que marcam uma loja por oferecer "o melhor para aquela compra", tipo vinho, carne ou pães especiais	produtos do dia a dia, de marcas conhecidas e compra "automática", tipo arroz, feijão, leite ou macarrão	produtos para ocasiões especiais, com vendas sazonais de acordo com a época do ano ou data comemorativa	atendem a situações complementares, pontuais e emergenciais, como um congelado, pilha ou carvão

Perceba que, dependendo do varejo e de sua localização, a mesma categoria (por exemplo, higiene) poderá ter uma classificação diferente. Por exemplo, em uma loja especializada em sabonetes diferenciados, a classificação poderá ser a de categoria destino, ou seja, as pessoas se dirigem à loja em busca desse produto pois é lá que acreditam que vão encontrar as melhores opções. Essa mesma categoria higiene poderá fazer parte da categoria conveniência em uma loja de souveniers dentro de um hotel. Os hóspedes não pensam nessa loja como local de venda de sabonetes, mas em uma situação de emergência poderão encontrar ali uma ou outra opção para atender à sua necessidade no momento.

De forma bastante prática, o gerenciamento de categorias utiliza a afinidade de consumo entre produtos, o fluxo na loja e o comportamento dos shoppers para a definição de:

- sortimento mais adequado de produtos;
- melhor posicionamento dos produtos na loja;
- forma de exposição dos produtos (planograma);
- preços absolutos e relativos;
- comunicação e merchandising;
- promoções.

Com a melhor organização dos produtos, baseada nas atitudes do shopper e alinhada às diretrizes do planejamento, a atuação do GC alcança diversos benefícios, culminando no aumento de vendas, na maior rentabilidade e na conquista e fidelização de clientes.

Benefícios do gerenciamento por categorias

A fim de ilustrar o gerenciamento de categorias, vamos fazer uma analogia com o nosso dia a dia para que possamos exemplificar o seu funcionamento de forma bastante lúdica e simplificada.

Imagine que você está indo para a Disney com sua família pela primeira vez, e seus filhos têm 5 e 16 anos. Ao chegar no parque, é claro que você já imagina que a bilheteria estará logo ali na sua frente. É algo intuitivo. Em seguida, ao entrar, você vê o display com os mapas que mostram a organização do parque, aluguel de carrinhos de bebê e outros serviços para facilitar o seu dia.

No mapa você percebe que existem áreas com diversos temas. Seu filho adolescente gosta de Star Wars, e você vê no mapa que uma área do parque reúne atrações, lojas, lanchonetes e muitas outras experiências com esse tema. Vocês vão ao local, e ao sair de cada brinquedo você se encontra dentro de uma loja com itens relacionados ao tema, que aproveita o momento de encantamento para envolver e faturar. Assim, o parque vende mais produtos e sua família fica ainda mais feliz em poder levar boas lembranças para casa.

Já a sua filha menor provavelmente terá interesse em brinquedos mais infantis, e também não é surpresa que uma área do parque tenha um tema todo dedicado às crianças de menor faixa etária. Vocês vão para o lugar passear no carrossel, mas logo ao lado dele sua filha já vê vários outros brinquedos superchamativos que ela também quer experimentar. No entorno, lojas de guloseimas, carrinhos de algodão-doce e sorvete. Tudo de forma muito organizada e bem sinalizado para que você tenha a melhor experiência, mate sua fome, compre mais e saia muito feliz.

Guardadas as proporções, um bom gerenciamento de categorias busca compreender o shopper, facilitar sua vida e atender suas necessidades, proporcionando a ele a melhor experiência possível, assim como no parque de diversões.

ECR

Como vimos, o gerenciamento de categorias é um processo contínuo que busca proporcionar ao shopper a maior facilidade possível, que o faça economizar tempo, realizar mais compras e ter maior satisfação ao longo do processo.

A maior referência em gerenciamento de categoria é o modelo ECR (Resposta Eficiente ao Consumidor), que é basicamente um processo facilitador do trabalho entre parceiros comerciais e gerador de maior eficiência dos negócios envolvidos, o que engloba varejistas, atacadistas e fornecedores.

A metodologia ECR de gerenciamento por categorias foi desenvolvida por Brian Harrys, em 1992, e é composta por 8 passos, que devem ser trabalhados baseando-se em dados concretos, seja do mercado, do varejo ou de pesquisas com o consumidor (e nunca baseado apenas em suposições).

SHOPPER
1. Definição da categoria
2. Definição do papel da categoria
3. Avaliação da categoria
4. Definição de metas da categoria
5. Definição de estratégia da categoria
6. Identificação das melhores táticas
7. Definição de responsabilidades, cronograma e implementação do plano
8. Avaliações e revisões contínuas

1. **Definição da categoria:** Partindo do conhecimento das necessidades do shopper, identificação das categorias de produtos que serão trabalhadas.
2. **Definição do papel da categoria:** Classificação das categorias que sejam importantes para o negócio do varejista (destino, rotina, ocasionais ou conveniência).
3. **Avaliação da categoria:** Análise de dados e identificação de oportunidades para incremento de vendas em cada uma das categorias trabalhadas.
4. **Definição de metas da categoria:** Quais são os objetivos que devem ser atingidos pela categoria, sejam eles qualitativos ou quantitativos.
5. **Definição de estratégia da categoria:** Definição das melhores estratégias de marketing e de abastecimento do mix de produtos de cada categoria.
6. **Identificação das melhores táticas:** Definições quanto a preço, sortimento, promoções e exposição dos produtos nas gôndolas.
7. **Definição de responsabilidades, cronograma e implementação do plano:** Elaborar detalhes de como o plano será colocado em prática.
8. **Avaliação e revisão contínuas:** Sendo um processo, é importante que haja o monitoramento, a avaliação e os ajustes periódicos nos planos das categorias.

Vale ressaltar que, apesar do gerenciamento de categorias ser mais utilizado entre grandes varejos e supermercadistas, ele pode ser implementado em lojas de qualquer tamanho e natureza, desde o seu primeiro dia de abertura. A implementação do GC desde o início do negócio ajuda no entendimento dos seus clientes e na análise de oportunidades, sempre baseadas na mensuração de dados concretos.

O trade marketing e o PDV

O ponto de venda é o campo de jogo do trade marketing. É nesse campo que são colocadas em práticas as estratégias definidas pelas empresas e suas marcas.

Para isso, diversas ferramentas de marketing são utilizadas no sentido de instigar os desejos e influenciar a escolha do shopper em seu momento de compra.

Nesse jogo, geralmente o fornecedor não está só. Seus produtos e marcas irão batalhar ao lado de inúmeros outros pela mente e pelo bolso do shopper. Para vencer é preciso estar bastante entrosado e trocar muitos passes com o "dono da bola", neste caso, o varejista.

Sempre que possível, é importante colocá-lo na "cara do gol", ou seja, ajudá-lo a vender mais.

Nesse sentido, a proatividade na realização de ações diversas no local de vendas é fundamental para o estreitamento do relacionamento e para que tanto a indústria quanto os canais de vendas consigam fortalecer a imagem de suas marcas e melhorar seus resultados.

De fato, os varejistas, cientes da concorrência de mercado, veem com bons olhos a parceria com fabricantes que ampliem o fluxo para suas lojas, a construção de marcas e o sell out de suas mercadorias.

O ponto de vendas é o ponto de encontro entre as marcas de todas as indústrias e os shoppers, e é para esse hub que convergem todos os esforços de marketing de diversas empresas.

Devido a esse fato, o gestor das redes de varejos precisa ter uma aguçada visão holística do seu negócio, enquanto fabricantes precisam entender que fazem parte de um contexto maior e que é necessário sinergia e trabalho em equipe para se alcançar os melhores resultados.

O PDV é o hub do mercado

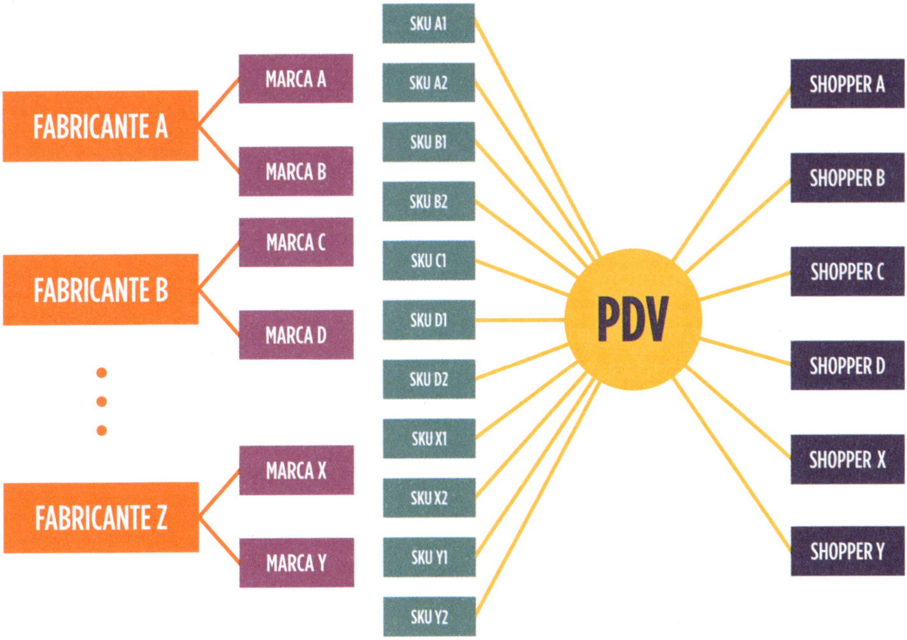

VOCÊ SABIA?

De cada 100 consumidores que entram em um supermercado, menos da metade passa por todos os corredores.

Esses consumidores levam menos de 03 segundos para visualizar uma comunicação, e menos que 01 segundo para perceber um produto, indo ou não adiante em uma avaliação de compra.

TRADE

"O ponto de venda é o campo de jogo do trade marketing, e o varejista o dono da bola"

MARKETI

PDV X POP

Voltando à história... Lá no início, todo Ponto de Venda (PDV) era também um Ponto de Compra (POP, do inglês *Point of Purchase).*

Naquela época, em que toda mercadoria era comercializada em feiras, o shopper escolhia e pagava pelos produtos que queria em cada barraca. Ou seja, o ponto de compra — onde o shopper escolhia sua mercadoria — era o mesmo que o ponto de venda.

Claro que hoje existem muitas atividades que ainda são assim. Desde as próprias feiras livres, até os carrinhos de lanches e as pequenas lojas onde você é atendido no balcão.

Hoje, um único PDV pode conter diversos POPs, ou seja, diversos pontos de compra, onde o shopper será impactado pelos produtos em exposição e fará suas escolhas.

Em grandes lojas de departamentos isso fica muito claro. Nelas, o shopper percorre diversas "lojas dentro de uma só loja". Em um momento você pode estar escolhendo um jogo de cama, e em outro um novo calçado, um perfume ou um objeto de decoração.

Em supermercados, o mesmo ocorre. Cada uma de suas áreas é um POP, seja ela uma área da gôndola ou um quiosque de degustação.

Desta forma, um mesmo produto pode estar em mais de um POP no mesmo PDV, e isso aumenta as suas chances de venda, como ocorre, por exemplo, quando se obtém um ponto extra para a venda de um produto no local.

FIQUE ATENTO!

Um consumidor percorre apenas uma parte do varejo por ele visitado.

Além disso, ele passa rapidamente por cada área de compra.

Ou seja, não é necessário apenas estar no varejo, e sim estar em áreas de maior fluxo e visibilidade, de preferência junto às principais marcas.

TRADE

"O sucesso de vendas de seu produto no PDV é fortemente influenciado pela maneira como ele é trabalhado em seus pontos de compra"

MARKET

Objetivos do trade marketing no PDV

A parte mais visível do trade marketing é sua atuação no PDV, onde se dá o encontro entre as marcas e os shoppers, e onde será necessário executar suas estratégias de marketing.

De início, seu objetivo será garantir o básico: que seu produto esteja ali presente. Para isso, além da negociação a fim de que o varejo comercialize as versões do seu produto adequadas ao canal, é preciso garantir que não haja falta dessas versões no local, seja por falha de reposição ou por estoque abaixo do giro real.

Para garantir o destaque e a atratividade de seus produtos perante os olhos do comprador, será necessário buscar a melhor posição nas prateleiras e utilizar materiais eficientes de merchandising, devendo esse esforço ser ainda maior em novos lançamentos.

Os preços de venda de cada SKU também devem estar alinhados ao posicionamento de sua marca e bem sinalizados; sem tirar os olhos da concorrência.

É necessário ainda informar e orientar a equipe no ponto de venda, desenvolvendo um relacionamento sólido e de confiança.

Por fim, claro que tudo isso tem um custo, que deve ser acompanhado e controlado para atender aos parâmetros determinados em seu planejamento.

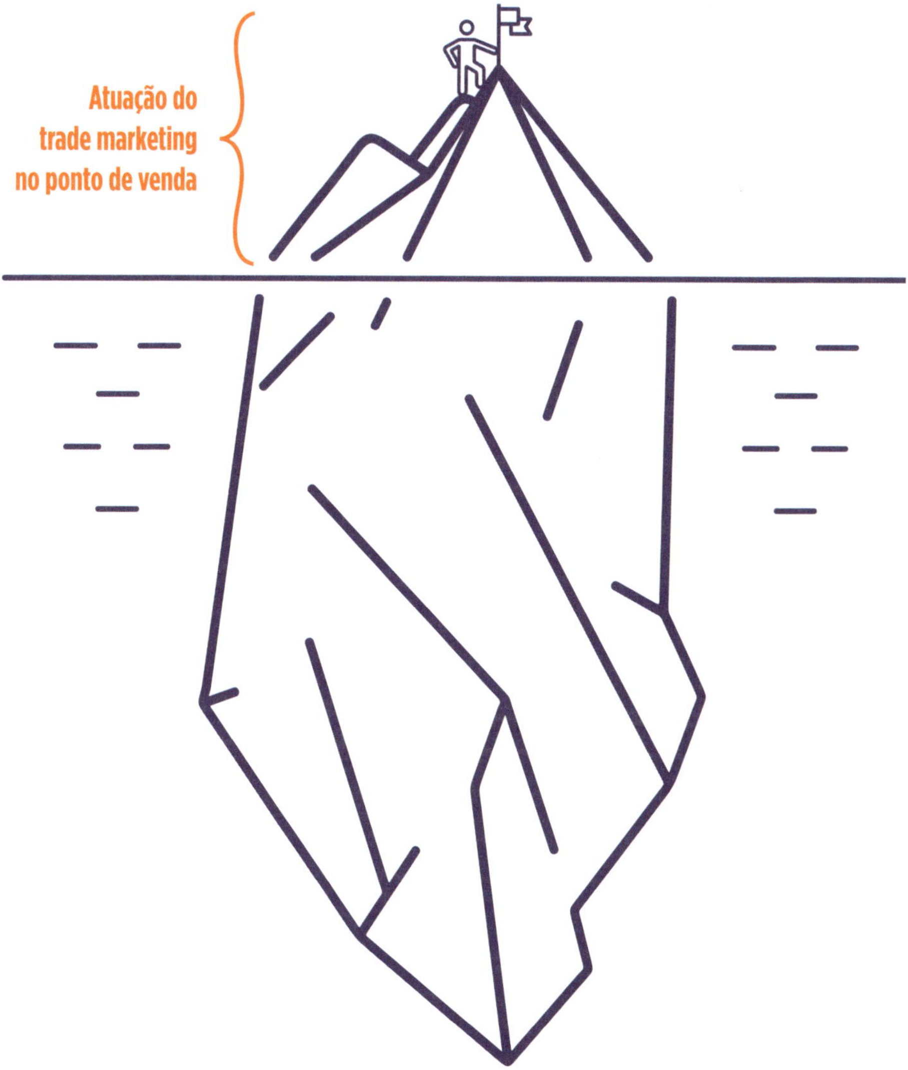
Atuação do
trade marketing
no ponto de venda

A construção da venda no PDV

A concorrência pela atenção do shopper no PDV é imensa diante de uma infinidade de opções e estímulos aos seus sentidos.

Um dos maiores desafios do trade marketing é fazer valer seu esforço diante de todas as limitações que lhe são impostas, seja pela fração de segundo em que o olhar do shopper passa por sua marca, seja pelas limitações impostas pelo próprio varejista.

O marketing mix tem sido usado há muitos anos, por empresas dos mais diversos segmentos, como base de suas estratégias de marketing e certamente pode contribuir bastante em nossa tarefa.

Originalmente formada por 4 variáveis controláveis (produto, preço, promoção e praça) e, depois de alguns anos, ampliada com acréscimo de mais 3 variáveis (pessoal, processos e evidência física), o composto de marketing nos dá uma visão sobre os pilares que devem ser trabalhados para se levar um planejamento de marketing ao sucesso.

Importante salientar que essa é uma visão macro do marketing de uma empresa. Mais adiante analisaremos uma visão mais especializada e alinhada ao tema deste livro, com foco na conquista do shopper no ponto de venda através do trade marketing mix.

Os 7 Ps do marketing mix

Visão macro

VOCÊ SABIA?

O professor de Harvard Neil Borden criou o termo mix de marketing na década de 1950. Cerca de 10 anos depois, foram introduzidos os 4Ps no livro ***Basic Marketing: A Managerial Approach***, escrito pelo professor Jerome McCarthy.

Philip Kotler divulgou e tornou popular o conceito do marketing mix e seus 4Ps no livro ***Marketing Management*** no final da década de 1960.

Foi em 1981 que os também professores Mary Jo Bitner e Bernard Booms introduziram 3 novos Ps, a partir da constatação de que um produto também contém aspectos de um serviço, ampliando e atualizando para 7Ps as variáveis do composto de marketing.

Trade marketing mix

Uma forma simples e fácil de se pensar o trade marketing mix é imaginar o marketing mix tradicional focado na relação e nas ações da indústria junto ao varejista e ao shopper.

É como se o marketing mix visto até aqui tivesse embutido em seu interior uma área com ferramentas voltadas para atingir seus resultados através do foco nos canais de vendas.

Por exemplo, enquanto o marketing tradicional tem sua parte mais visível na publicidade das marcas, o trade marketing tem sua parte mais visível nas ações promocionais, como ofertas de descontos, amostras grátis e degustações, sendo que todas elas fazem parte do pilar "Promoções" (um dos 7 Ps).

Sob a ótica do trade marketing, cada um dos sete pilares terá agora como foco a atuação junto aos varejistas, com o objetivo de impactar, seduzir e influenciar o shopper em sua decisão de compra.

Os 7 Ps, agora sob a ótica do trade marketing

PRODUTO	Mix de produtos adequados ao canal? Dentro da validade e em bom estado? Informações visíveis e de fácil leitura?
PREÇO	Preço adequado ao canal? Preço adequado em relação à concorrência? Política de descontos adequada?
PROMOÇÃO	Alguma promoção no local? Alguma ativação no local (degustação, etc)? Algum evento promocional ocorrendo?
PLACE	Existe ruptura de SKU? Ponto extra? Qual a participação na gôndola?
PESSOAS	Promotores no local? Equipe treinada e orientada? Como está a produtividade?
PROCESSOS	Planejamento adequado? Equipe de campo sob controle? Acesso adequado às informações?
EVIDÊNCIA FÍSICA	Embalagem é funcional e atraente? Exposição adequada (planograma)? Merchandising alinhado com a marca?

Produto

- O mix de produtos deve ser adequado às demandas de cada canal específico. Por exemplo, o mix de refrigerantes de uma loja de conveniência irá priorizar a bebida em lata, e em um supermercado irá priorizar a bebida em garrafas pet.
- Não basta que haja o produto no local. Ele precisa estar em bom estado, com sua embalagem limpa e inviolada. Além disso, deve estar estocado e exposto em local apropriado, em linha com o conceito FIFO e tendo seu prazo de validade adequado perante seu histórico de giro.
- Não basta que os SKUs mais adequados estejam sendo vendidos ao local (selling in). É preciso que não haja falta desses produtos (ruptura) em nenhum momento. Para isso é necessário que o sell in esteja alinhado à realidade do sell out, sendo a venda ao varejo planejada levando-se em conta sazonalidade, feriados e aumento de demanda causada por campanhas e promoções.

TRADE

“Pegue os 7 Ps do marketing mix e foque exclusivamente na dinâmica do canal de vendas. Pronto. Taí o trade marketing mix!”

MARKET

FIRST IN, FIRST OUT!

FIFO nada mais é do que uma forma de operação e organização dos estoques, seja no ponto de compras do shopper, seja no estoque propriamente dito.

De acordo com a regra FIFO, o primeiro produto que entra deve ser sempre o primeiro que sai.

Esse conceito deve influenciar o modo como os produtos são repostos e organizados nas prateleiras do PDV.

RUPTURAS

Ter o produto que agrade ao shopper não é suficiente.

É preciso que ele esteja disponível no momento da compra, ou seja, que não ocorra sua ruptura no PDV.

Para o fabricante, a falta do produto implica em perda de vendas e perda de espaço, provavelmente para a concorrência.

Para o varejista, prateleiras vazias passam uma má impressão, e a falta de produtos pode fazê-lo perder seu cliente para sempre.

Por isso, para ambas as partes, é grande a importância do trabalho que repositores realizam nos varejos.

VOCÊ SABE O QUE É...

STOCK KEEPING UNIT?

É simples!

Esse nome, que quase ninguém conhece, é o SKU, que muita gente conhece!

SKU nada mais é que um código de identificação para cada versão dos seus produtos.

Ele é utilizado na logística para identificar e organizar itens em um estoque.

Imagine uma bebida, como um suco. Ela pode ser vendida em embalagens e sabores diversos. Cada variação desse produto tem seu próprio SKU.

TRADE

“O produto certo, no canal certo, para o cliente certo. Sem falta. Não se contente com nada menos que isso”

MARKET

Preço

- Para começar, o preço a ser cobrado do shopper deve cobrir os gastos com a produção e distribuição do produto, além da margem de contribuição esperada pelo fabricante e pelos canais de distribuição e de vendas.
- Do ponto de vista do posicionamento da marca no mercado, é necessário acompanhar o preço relativo de cada SKU, tendo em vista os preços de produtos concorrentes e substitutos. Se sua marca é premium e entrega uma percepção de valor diferenciada, o preço de vendas deve ser também superior às demais ofertas de sua categoria, pois um preço inferior seria incoerente com o posicionamento premium almejado.
- Além disso, é coerente que o preço varie de acordo o canal de vendas e o perfil do varejo. Não faz sentido, por exemplo, que uma bebida vendida em um restaurante seja mais barata que a mesma bebida vendida em um supermercado.
- O preço da concorrência também deve ser levado em conta, até mesmo se estiver havendo uma oferta promocional de preços, o que poderá impactar negativamente o seu sell out no período, talvez exigindo uma rápida resposta.

As comparações de preços geralmente são feitas com produtos que estão expostos em maior proximidade, por isso, estar ao lado de um campeão de vendas em sua categoria pode ser uma boa ideia.

TRADE

"Na relação com o canal de vendas, quanto menos importar o item preço e mais importar a rentabilidade do seu produto, melhor"

MARKET

Promoção

- É importante que qualquer promoção no ponto de venda esteja alinhada com o posicionamento da marca e sua comunicação em outros veículos de mídia vistos pelo consumidor.
- É aconselhável planejar, em parceria com o varejo, um calendário promocional que reduza a pressão nas negociações de vendas entre ambos.
- Sempre que possível é interessante que a negociação de promoções de preço venham acompanhadas de pontos extras, que permitam uma melhor comunicação da promoção e uma exposição de produtos com destaque no PDV.

A novidade é a porta de entrada na mente do consumidor, por isso um lançamento precisa ter inovação e impacto visual.

Place

- O varejo é como se fosse um shopping center de produtos, por isso garanta que sua "loja" esteja bem localizada, ou seu cliente poderá passar batido.
- Tenha um planograma que oriente sua equipe na exposição de seus SKUs, variando de acordo com o tipo de canal quando necessário.
- Corra atrás de pontos extras, mas não se esqueça de trabalhar bem esses pontos. O consumidor não vai entender aquela ilha sem uma oferta especial.
- Garanta que sua participação na gôndola (share of shelf) esteja alinhada ou, melhor ainda, seja superior ao seu market share.

Um bom relacionamento com o gestor da loja pode garantir aquele ponto extra que faz toda a diferença no resultado ao final do mês.

VOCÊ SABIA?

O shopper sempre procura seus produtos em seus pontos naturais.

Apesar de serem de grande importância para ampliar a visibilidade e a lembrança de compra, o ponto extra representa menos de 20% das compras.

Portanto, consiga pontos extras, mas em hipótese alguma abandone o trabalho feito nos pontos habituais de sua categoria.

Ah, e procure sempre posicionar o ponto extra próximo do seu ponto habitual para garantir um fluxo de consumidores interessados em seu produto.

Pessoas

- Uma integração profissional entre as equipes da indústria e dos canais de vendas, nos mais diversos níveis, não é importante apenas para manter a engrenagem azeitada, mas é também a alavanca necessária para o surgimento e aproveitamento de muitas oportunidades.
- A seleção e o treinamento são fundamentais. Não economize esforço para achar as pessoas certas. Lembre-se de que um sorriso abre muitas portas.
- É importante estar claro o que se espera de cada integrante da equipe para uma maior produtividade de todos.
- Tenha tudo sob controle, com informações disponíveis em tempo real sobre a sua equipe.

“A tecnologia é aquela aliada fundamental que te ajuda a alcançar novos patamares”

Processos

- Lembre-se sempre de que todos os processos desembocam, no final das contas, na experiência do consumidor.
- Os processos de gestão e a atuação de sua equipe em campo devem refletir a estratégia da empresa e entregar os resultados esperados.
- Garanta que sua equipe em campo atue de forma planejada a fim de elevar seu controle e sua produtividade (roteiros, check in/out, intervalos, tempo de visitas, etc.).
- Garanta o acesso às informações relevantes do que ocorre em cada PDV, com alertas, rankings e pontuações que ajudem você a definir as prioridades de ação.
- Faça uso da tecnologia para ter tudo sob controle.

A informação de qualidade e no tempo certo é o alicerce de uma boa gestão.

Evidência física

- A experiência do shopper no PDV depende de seu ambiente, da interação com produtos expostos e também do material de merchandising utilizado para a sua comunicação e exposição.
- Utilize as ferramentas de merchandising existentes, garantindo a visibilidade de seus produtos e uma boa comunicação com o shopper no PDV.
- Pesquise e busque por inovação, diferenciando-se da concorrência. Existem inúmeros novos materiais de merchandising (POPM) surgindo a cada dia.
- Nada substitui sua presença no chão da loja. Fique de olho nas novidades, sejam dos concorrentes ou de outras marcas nas demais categorias de produtos.

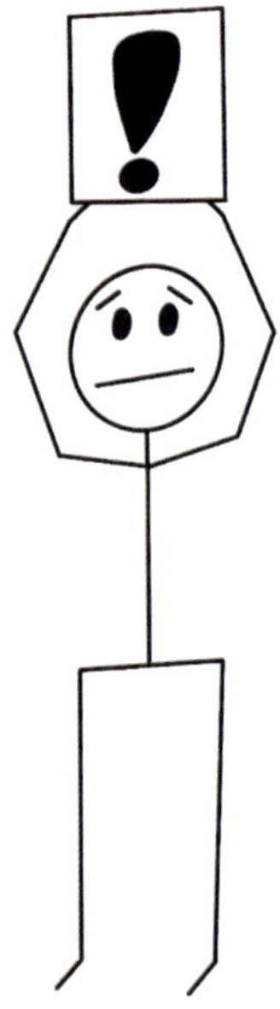

Merchandising é a menina dos olhos do trade marketing.

FIQUE ATENTO!

Para uma estratégia de sucesso é preciso ficar de olho em todas as variáveis do trade marketing mix, uma vez que elas se relacionam entre si.

Alinhe e encaixe bem as suas peças, sabendo que são como um castelo de cartas, ou seja, cada uma tem seu papel fundamental.

O interior dos PDVs

Considere o interior de um varejo a sua vitrine interna. Algumas delas têm melhor campo visual e estão em locais de alto fluxo ou permanência dos clientes. Outras estão em locais menos favoráveis, não aparecem tanto aos olhos dos shoppers, e por isso precisam de um maior esforço para chamar sua atenção.

A apresentação de suas mercadorias no interior da loja é tão importante quanto a fachada do PDV, sendo este um trabalho sem fim, pois há sempre o que melhorar, repor ou ajustar.

As mercadorias devem ser organizadas por categorias de compra, e cada categoria deve ser alocada pensando-se em aspectos como rentabilidade, atratividade, visibilidade e tráfego interno. Um layout bem-feito ajuda o shopper a encontrar o que procura, a realizar compras não planejadas e a se sentir em casa.

A limpeza, a organização e a iluminação ajudam a propiciar um ambiente agradável, e o inverso também é verdadeiro.

O gerenciamento do espaço é um tema de fundamental importância para o varejista e a indústria. Produtos expostos de maneira equivocada reduzem a rentabilidade.

Elementos dos PDVs

Gôndolas

São as estruturas que dão suporte às prateleiras, podendo ser mais baixas (geralmente junto às entradas) ou mais altas. Em geral, os melhores locais nas gôndolas para a exposição das mercadorias são os espaços centrais que ficam na altura dos olhos e das mãos do shopper.

FIQUE ATENTO!

Olhando de frente para a gôndola, você pode ter uma boa compreensão sobre os produtos pertencentes a uma categoria. Para isso, basta analisar a posição em que cada SKU se encontra exposto no local, e a relação dessa posição quando comparada com seus concorrentes.

Além disso, é possível entender quais deles estão se beneficiando por ter uma melhor posição de exposição, e se existe alguma oportunidade de melhoria para os seus produtos.

VOCÊ SABE O QUE É...

PLANOGRAMA?

Planograma é um desenho que funciona como um manual detalhado de como deve ser a exposição dos SKUs de determinada marca nas prateleiras.

Um planograma bem elaborado fornece a diretriz e o apoio necessário à sua equipe em campo para uma melhor exposição de seus produtos no PDV.

Do ponto de vista do shopper, seguir o planograma garante que seja fornecida uma melhor experiência visual, o que irá facilitar e agilizar sua compra.

Prateleiras

As prateleiras podem e devem ter alturas ajustáveis, que deverão se adequar às necessidades de exposição das diferentes embalagens dos produtos, de preferência sem deixar espaços superiores vazios maiores do que o necessário para facilitar a retirada da mercadoria pelo consumidor.

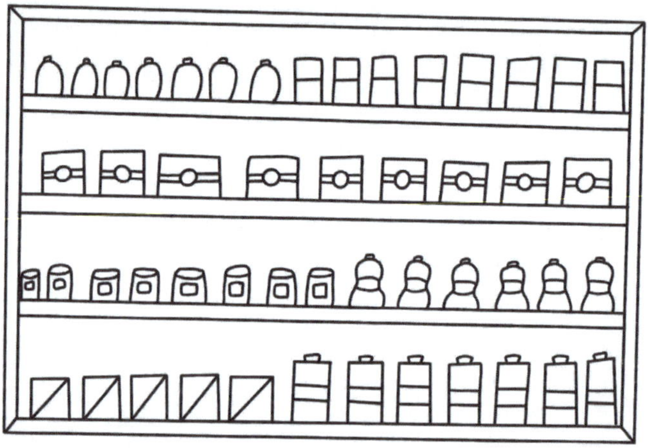

A simples altura em que seu produto se encontra nas prateleiras é responsável por variações significativas de até 40% em suas vendas. Prateleiras próximas ao chão ou altas e longe das mãos em geral não devem conter produtos de alto giro e/ou rentabilidade.

VOCÊ SABIA?

Um produto exposto abaixo de 0,5 m ou acima de 2 m tem sua venda prejudicada.

De fato, o shopper tem o primeiro campo de visão na altura dos olhos (cerca de 1,40 m a 1,60 m) e em seguida tende a olhar para os produtos de alturas inferiores.

Pontas de gôndola

Geralmente são pontos adicionais de alta visibilidade, reservados para lançamentos e ofertas especiais e abastecidos com uma mesma marca, tendo preferencialmente elementos de merchandising que dão apoio à comunicação da mercadoria exposta.

Check out

O caixa, ou check out, é um local com espaço limitado, mas que, por ser um ponto de passagem obrigatório e um local de maior permanência do shopper, permite uma alta visibilidade dos produtos expostos, devendo ter como foco principal os produtos sujeitos a compras por impulso.

Ilhas

Preferencialmente localizadas em corredores com maior espaço ou na entrada do estabelecimento, as ilhas são espaços adequados para a exposição de promoções, lançamentos e produtos sazonais. É importante que sua arrumação deixe os produtos ao alcance das mãos e que eles estejam expostos de modo a facilitar a sua retirada pelo shopper.

VOCÊ SABIA?

Ponto natural é aquele em que o shopper espera encontrar seu produto, geralmente em uma prateleira no departamento ou categoria adequada ao produto.

Geladeiras

Produtos expostos em geladeiras, com ou sem portas, devem estar de frente e organizados de forma a facilitar a escolha do consumidor. Esta exposição pode funcionar como uma boa arma na venda de produtos de conveniência para consumo imediato.

Balcões

A utilização de balcões de atendimento deve ser reservada àqueles produtos que não podem ser disponibilizados pelo autosserviço. Neste caso, procure caprichar na organização e iluminação para valorizar a mercadoria e usar o balcão a seu favor.

Promoções no varejo

Quando bem elaboradas e alinhadas à estratégia de marketing, as ações promocionais nos canais de vendas atraem a atenção do shopper, impulsionando as vendas e fortalecendo as marcas participantes.

A possibilidade de mensuração de seus resultados, o retorno do investimento muitas vezes imediato e a possibilidade de rateio de custos pesam favoravelmente no momento das definições sobre a realização ou não de promoções nos PDVs.

Uma ação promocional deve ter o *timing* correto, a fim de surfar a onda da novidade, evitando se tornar paisagem.

Uma vez que a ação promocional deverá ser previamente aprovada junto ao canal de vendas, é importante prever um prazo de aprovação adequado, principalmente se a promoção for planejada para entrar em campo alinhada a campanhas em outras mídias.

Além disso, o planejamento da ação promocional deve passar por questões como SKUs a serem trabalhados, preços, reforço no sell in, materiais de merchandising, pontos adicionais de vendas, orientação da equipe e do varejo, tempo de duração da ação promocional, contratação de promotores e autorizações junto aos PDVs.

FIQUE ATENTO!

Produtos com embalagens desorganizadas, viradas de lado ou deitadas passam má impressão e dificultam a leitura pelo shopper.

Quanto mais frentes, melhor a possibilidade de seu produto ser percebido e escolhido devido à melhora em sua exposição.

Uma arrumação com duas ou três prateleiras verticais e com seus produtos ocupando espaços equivalentes a quatro ou mais frentes já proporciona um bom impacto visual.

Tipos de promoções

Existem diversas possibilidades de ações promocionais e algumas premissas principais para garantir sua realização, como a adequação ao budget, a viabilidade junto aos canais de vendas e o alinhamento com os objetivos das marcas envolvidas. Vamos dar uma olhada em algumas delas.

PROMOÇÃO DE PREÇO

PROMOÇÕES COM TABLOIDES

DEGUSTAÇÃO

DISTRIBUIÇÃO DE AMOSTRAS

OFERTAS VANTAJOSAS

CONCURSOS/SORTEIOS

CUPOM DE DESCONTO

EVENTOS NO PDV

KIT COM BRINDES

PANFLETAGEM

ABORDAGEM POR PROMOTORES

AMBIENTAÇÃO SAZONAL

COMBO PROMOCIONAL

EMBALAGEM ESPECIAL

A possibilidade de segmentação e o custo comparativamente mais baixo em relação às campanhas publicitárias torna as ações promocionais nos PDVs uma alternativa importante para marcas com budgets menores.

Materiais nos PDVs

A comunicação de uma marca, no momento da decisão de compra do shopper, é um dos aspectos principais que levam as indústrias a investirem no ponto de venda como mídia para suas marcas.

São inúmeras as possibilidades e é importante acompanhar o mercado, pois esta é uma área aberta a novidades e inovações, tanto no design dos materiais quanto na tecnologia empregada.

Em geral, é importante que o material criado pelo fornecedor seja funcional e apropriado ao canal de vendas, facilitando sua aceitação pelo PDV e minimizando problemas operacionais de transporte e implementação em campo.

Do ponto de vista da permanência no local, os materiais podem ser divididos entre:

- **permanentes** (feitos para complementar espaços nas lojas e durar bastante tempo);
- **semipermanentes** (feitos para atender a ações mais duradouras, mas ainda assim temporárias);
- **descartáveis** (atendem a um lançamento ou promoção e ficam expostos por pouco tempo no PDV).

Existem materiais dos mais diversos, mas em geral a sua implementação no ponto de venda é bem mais acessível do que o investimento em mídia impressa ou eletrônica. Dessa forma, eles se tornam uma importante ferramenta para indústrias de todos os tamanhos.

Para elevar a visibilidade e o resultado do seu material no PDV é importante que ele seja diferenciado (cor e formato) e instalado em local de alto fluxo, sem grande poluição visual ao redor.

Tipos de materiais

Sejam eles feitos para complementar uma campanha publicitária existente ou para reforçar isoladamente a presença e a comunicação da marca no PDV, são diversas as opções de materiais, que diferenciam-se entre si em termos de:

- impacto visual;
- custos de produção;
- necessidade de espaço;
- complexidade de instalação;
- posição ocupada na loja;
- momento de impacto junto ao shopper.

Displays

Com o objetivo de comunicar, organizar e/ou destacar a mercadoria exposta, existem desde displays que buscam chamar a atenção e ocupar espaços consideráveis no chão do PDV, até aqueles displays que organizam os produtos em uma prateleira ou que viabilizam a utilização de um pequeno espaço ocioso junto ao check out.

Displays de chão semipermanentes (com exposição de produto)

Displays de chão descartáveis

Displays expositores

Displays de balcão

Displays com take one

Ilhas personalizadas

Displays blister

Displays clip strip

Displays ponta de gôndola

Displays glorifiers

Realidade aumentada

Mídias digitais

Réplicas e infláveis

Displays temáticos

Banners

A agilidade na produção é uma característica deste material, que pode ser pendurado ou fixado em um porta-banner. Geralmente são produzidos e contêm a comunicação definida pelo próprio canal de vendas e não pela indústria.

Adesivos

Adesivos de chão geralmente são usados para comunicar o local onde se encontram certas ofertas, podendo ser usados também para repaginar um balcão ou vitrine, facilitando a atualização do material e podendo acompanhar a campanha publicitária de cada momento.

Manequim

Totem pessoa

Etiquetas de preço

A comunicação dos preços é obrigação dos canais de vendas. Etiquetas com formatos diferenciados e coloridas podem se destacar, mas cuidado para manter uma boa visibilidade do preço.

Etiquetas de preço eletrônicas

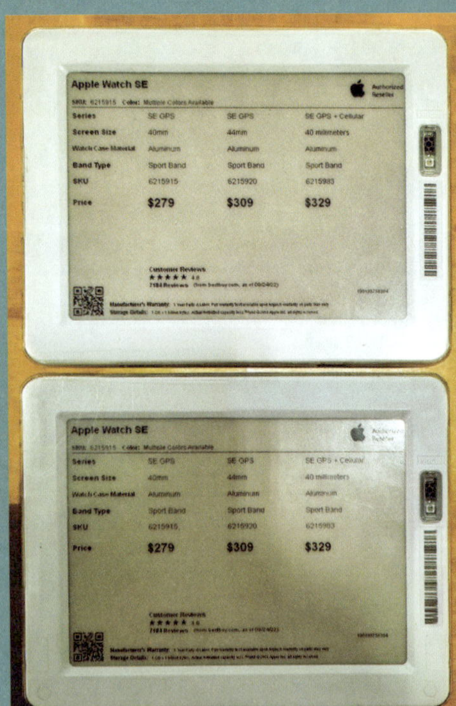

Displays digitais

Ambientação tailor made

Cavalete promocional

Placa promocional

Cartazes

Muito usados por supermercados para expor suas promoções na área externa, os cartazes têm baixo custo, pouca durabilidade e atratividade duvidosa. De fato, um percentual mínimo de shoppers entram nas lojas por causa deles. O ideal, nesse caso, é melhorar sua qualidade e diminuir sua quantidade, utilizando-os para poucas e boas ofertas.

Stoppers

São materiais bastante efetivos, que conseguem chamar a atenção do consumidor a alguma distância, independentemente do fluxo da loja, uma vez que são frente e verso e encaixados de forma perpendicular à prateleira.

Wobblers

São materiais de comunicação pequenos e pontuais, que possuem uma lingueta que os fazem "saltar" das prateleiras, dando a eles balanço e destaque à sua comunicação. Para funcionar e não virar paisagem, precisam ter cores que gerem contraste em relação às embalagens

Faixas de gôndola

São como réguas, feitas de plástico ou papelão, que ajudam a demarcar e destacar a presença de certos produtos nas prateleiras. Quando bem feitas, com cores e textos em destaque, são materiais bastante efetivos.

Móbiles

Pendurados nos tetos por fios, os móbiles possuem os mais diversos formatos, podendo ser compostos por uma única peça ou por peças diversas, gerando movimentos que dão maior destaque à comunicação. Geralmente são usados para mensagens visuais e diretas, sem maiores detalhes, devido à dificuldade em sua leitura. Para serem efetivos não podem ser colocados em locais com pé-direito muito alto.

Molduras

Como o próprio nome diz, são instaladas nas prateleiras para dar destaque ao local de exposição dos produtos nelas dispostos/expostos. Geralmente são usadas para lançamentos de produtos e novas versões.

Gargaleiras

Geralmente já vêm das fábricas colocadas nos gargalos de frascos e garrafas e contêm informações adicionais sobre o produto oferecido, auxiliando em sua diferenciação junto aos concorrentes.

Embalagem Displays

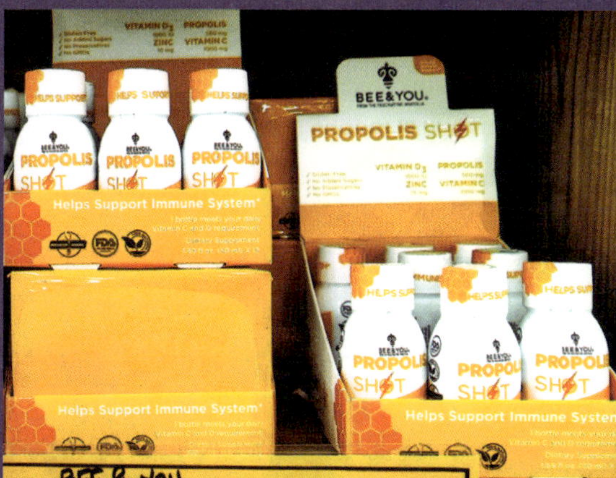

Bobinas de Forração

Feitas de papel ou plástico, além de comunicar a mensagem com alto impacto, funcionam para dar um melhor acabamento à ilhas, pontas de gôndolas e outros pontos extras nos PDVs.

Embalagem promocional

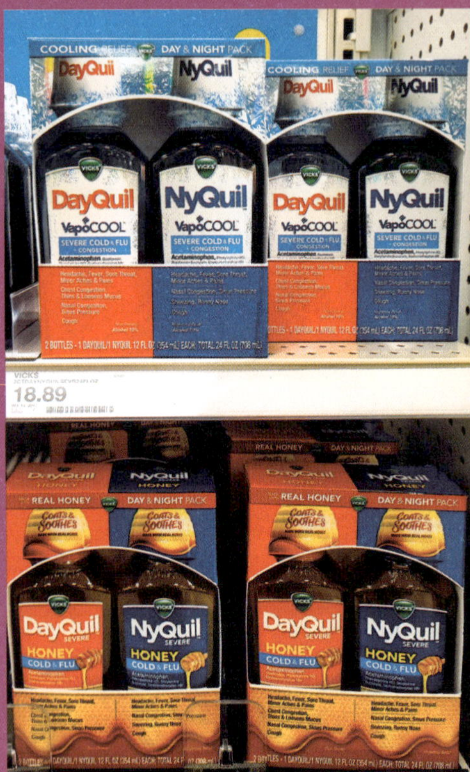

Projeção

Video wall

As embalagens nos PDVs

A captação da atenção de seu produto pelo consumidor pode receber o apoio de materiais de merchandising diversos, mas verdade seja dita: uma boa embalagem é insubstituível.

Ela tem o poder de se destacar ou, se não for bem pensada, aquele poder que você não vai querer: o de se tornar invisível.

Além de comunicar e conter informações importantes, a embalagem transmite atributos da sua marca e é fundamental para o correto posicionamento do seu produto na mente do consumidor.

A embalagem deve possibilitar a fácil identificação do nome da marca, a fácil escolha de uma das versões do produto quando necessário e conter as principais informações buscadas pelo consumidor em relação à sua categoria.

TRADE

“Não misture produtos premium com outros mais baratos, de uma categoria inferior de qualidade, pois isso fará com que os melhores produtos pareçam excessivamente caros”

MARKETING

Os 4 passos do planejamento

O planejamento de trade marketing é um processo cíclico e contínuo, com etapas similares a um planejamento tradicional, mas focado nas questões que envolvem os canais de vendas. Seus passos incluem: realizar um diagnóstico da situação atual; definir metas e indicadores de performance; traçar uma estratégia; mensurar os resultados e ajustar a rota para que os objetivos sejam alcançados.

É preciso ainda garantir que os processos da empresa estejam devidamente azeitados, de forma que o planejamento pensado possa ser efetivamente colocado em prática.

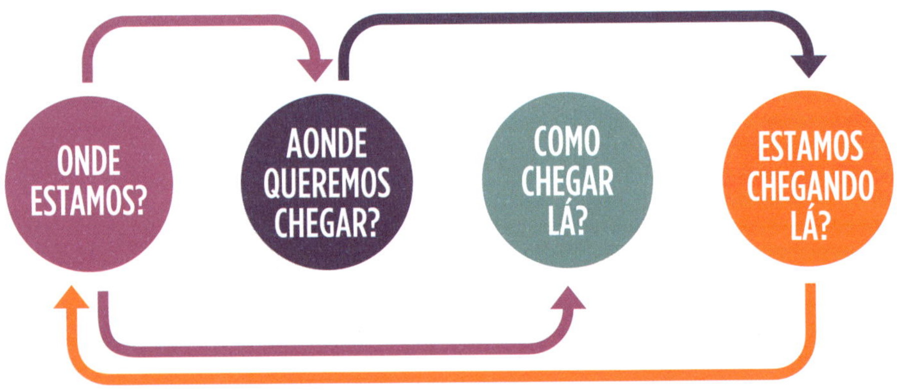

De modo simplificado, devemos buscar responder às seguintes questões principais.

Onde estamos?

A primeira questão que se coloca e que precisa ser respondida é "Onde estamos?" Essa pergunta pode ser respondida em partes, partindo-se de questões mais macro até chegarmos a um diagnóstico mais detalhado.

- Está claro o posicionamento de minha marca (ou marcas)?
- Eu sei quem é o meu público-alvo? Sei qual o seu comportamento de compras?
- Estou presente nos canais de vendas adequados ao meu shopper?
- Como está o relacionamento com meus canais de vendas?
- Minha precificação está alinhada com meu posicionamento e canais de venda?
- Meu esforço de trade marketing está adequado aos meus objetivos de mercado?
- Meu produto está sendo disponibilizado adequadamente, sem que haja ruptura?
- Conheço meus concorrentes? Conheço sua forma de atuar no PDV?
- Meu produto está sendo disponibilizado no PDV dentro da conformidade esperada?
- Estou satisfeito com minha comunicação atual no PDV? Possuo um portfólio de merchandising com a qualidade pretendida?
- Minha embalagem atual se destaca e passa as informações necessárias?
- Minha equipe em campo está bem treinada, motivada e sabe o que deve fazer (processos)?

- Minha equipe em campo possui os recursos necessários para atuar com sucesso?
- Tenho controle do que acontece em campo? Uso a tecnologia a meu favor?
- Tenho acesso às informações de forma organizada, inteligente e em tempo hábil para realizar ajustes, solucionar problemas e tomar decisões assertivas com agilidade?
- O que me dizem os resultados dos meus indicadores de performance (KPIs)?
- O budget disponível está alocado de forma adequada aos meus objetivos?

Aonde queremos chegar?

Em termos de trade marketing, é importante sabermos aonde queremos chegar. Isso significa termos metas mensuráveis traçadas, para que possamos acompanhar o desempenho e corrigir os rumos sempre que necessário.

Sejam elas consolidadas ou individualizadas, é importante definirmos metas relacionadas a:

- **Preço**: Qual a faixa de preço que cada SKU deve ser vendido ao shopper? É importante haver uma diferença de preço de acordo com o canal de vendas ou perfil da loja? Em relação aos concorrentes, qual deve ser meu preço relativo?
- **Qualidade do produto**: O que caracteriza a oferta do meu produto dentro da qualidade e conformidade esperada no ponto de venda? O que devo esperar em relação a embalagem, prazo de validade e forma como está estocado e exposto?

- **Distribuição**: Qual a penetração buscada para a distribuição dos meus SKUs por canal de vendas, redes, atividades e varejos por faixa de volume?
- **Ruptura**: Qual o meu objetivo em relação à ruptura? O que deve ser feito para alcançá-lo?
- **Exposição**: Em qual categoria meu produto deve estar localizado (ponto natural)? Qual localização da prateleira devo buscar? Próximo a quais concorrentes? Tenho um planograma adequado a cada canal de venda? Qual meu objetivo em termos de share de gôndola?
- **Pontos extras**: O que devo buscar em termos de pontos extras? Quais seriam mais adequados aos meus objetivos? Como se dá a negociação com os parceiros varejistas para a obtenção desses pontos de compra adicionais?
- **Material de merchandising**: Tenho um portfólio de materiais de merchandising criado para atender às necessidades nos PDVs? Qual material é direcionado a qual canal ou tipo de varejo? Como é feita a entrega e instalação?
- **Promoções**: Tenho um calendário promocional alinhado com meus principais canais de venda? Tenho um planejamento em linha com as datas comemorativas?

Como chegar lá?

Tendo em vista o cenário em que nos encontramos e as metas definidas, o próximo passo é a implementação de uma estratégia de trade marketing, com a alocação efetiva dos recursos disponíveis.

Essa estratégia deverá passar pela análise e pelo direcionamento claro em relação aos pilares do trade marketing mix, já vistos anteriormente. Eles serão os alicerces de sustentação de nossa atuação junto ao mercado.

Uma das maneiras mais práticas para a implementação da estratégia de trade marketing é a utilização do conceito de Loja Perfeita, como veremos mais adiante.

Estamos chegando lá?

Aqui chegamos a alguns pontos críticos:

- Como saber se a execução da estratégia nos pontos de venda está acontecendo da forma planejada e que ela está nos levando mais próximo a nossos objetivos?
- Como mensurar o desempenho do trabalho realizado?
- Como conseguir analisar centenas ou milhares de pontos de venda a cada momento, em tempo real, conseguindo desta forma ajustar o rumo sempre que necessário?

Para obter essas e outras respostas, é necessário criar processos contínuos de captação de informações relativas aos indicadores de performance (KPIs) e transmiti-las de forma organizada e inteligente para analistas e gestores.

O conceito de Loja Perfeita

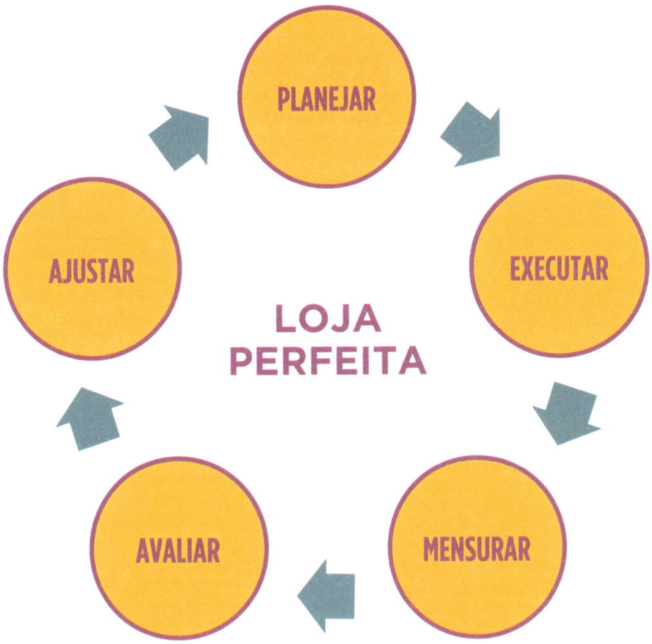

Loja Perfeita ou Perfect Store é um conceito inspirado nos 4Ps do marketing mix e se refere a um padrão ideal de execução no ponto de venda. Empresas, consultorias e profissionais do setor de varejo e marketing têm desenvolvido o conceito ao longo do tempo, sendo utilizado por grandes empresas de bens de consumo, como Procter & Gamble, Coca-Cola, Unilever e Nestlé.

Seu objetivo é criar a melhor experiência possível para o shopper em seu ambiente de compras. Para isso, são definidos padrões que devem ser atingidos dentro de uma loja e que demandam um esforço multidisciplinar do varejo, indústria e distribuidores.

Os pilares da Loja Perfeita são alimentados pela estratégia de trade marketing e envolvem indicadores de performance que sinalizam questões-chave, como o correto posicionamento e a conformidade dos produtos, a visibilidade adequada de embalagens e marcas, a correta precificação dos SKUs, a implementação de materiais promocionais, a presença de pontos extras e a ausência de rupturas.

Qualquer pilar que não esteja dentro dos parâmetros predefinidos poderá prejudicar o desempenho do produto e da categoria em um canal de vendas determinado.

Uma mesma empresa pode ter diversas estratégias de Loja Perfeita, diferenciadas entre si pelo perfil das marcas, os canais de vendas participantes e o período de sua execução. Cada ciclo de execução de Loja Perfeita terá início com seu planejamento, passando em seguida por sua execução, mensuração, avaliação e ajustes.

Para o acompanhamento da execução da Loja Perfeita é necessário ter a tecnologia como aliada. Desta forma será possível acompanhar os KPIs definidos e verificar continuamente a performance de cada PDV, até mesmo em tempo real.

Através do levantamento das informações de cada PDV acompanhado, é possível se criar uma pontuação por loja ou uma pontuação consolidada (por rede, canal, área geográfica, etc.) e, a partir dos resultados, elaborar-se um ranking de performance.

As pontuações obtidas mostram quais pilares e pontos de vendas estão tendo uma melhor execução da estratégia definida e quais precisam de maior atenção.

A utilização de softwares de gestão, como o Team and Field, para o levantamento de dados relacionados à execução dos varejos (retail execution) é a maneira mais eficaz para se conseguir mensurar e se disponibilizar informações de qualidade e com rapidez aos gestores de trade marketing.

A tecnologia como aliada

A utilização de softwares de gestão pelas equipes externas, times de back office e gestores tem auxiliado o trabalho e elevado a produtividade das empresas que possuem operações em campo.

Com a utilização de aplicativos especializados, a linha de frente tem um melhor direcionamento das tarefas a serem feitas e mais agilidade e facilidade no levantamento e transmissão de informações relacionadas às execuções nos PDVs.

Caso a coleta de dados seja referente aos pilares da Loja Perfeita, é possível definir critérios e gerar pontuações para cada um dos pontos de venda visitados, de forma que seja possível, através de um painel gerencial, avaliar a performance da execução nos varejos ao longo do tempo e determinar com maior agilidade as prioridades que deverão ser atacadas a cada momento.

Além de viabilizar a implementação da estratégia de Loja Perfeita, a utilização de um software de gestão proporciona à equipe de trade marketing diversos outros benefícios, entre eles:

- melhor planejamento de roteiros e tarefas;
- aprimoramento e automatização de processos;
- disparo de alertas referentes aos KPIs (ex.: ruptura);
- maior controle da operação da equipe em campo;
- mensuração da performance da equipe e de tempo gasto em deslocamento, intervalos e visitas;
- acompanhamento das ações da concorrência;
- melhor comunicação entre campo e back office;
- redução de custos operacionais;
- maior produtividade da equipe externa e do back office;
- informações de campo em tempo real;
- facilita o treinamento, o compartilhamento de materiais e a divulgação de melhores práticas;
- acompanhamento dos KPIs através de painéis inteligentes;
- maior segurança, com menos utilização de papel e informações armazenadas na nuvem.

REFERÊNCIA DE TELAS DE APLICATIVO DE GESTÃO

REFERÊNCIA DE TELAS DE APLICATIVO DE GESTÃO

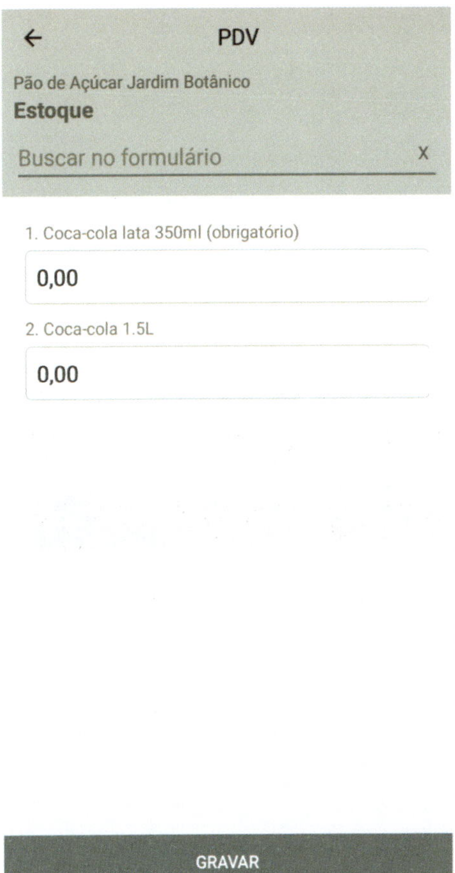

REFERÊNCIA DE TELAS DE PAINEL GERENCIAL (DASHBOARD)

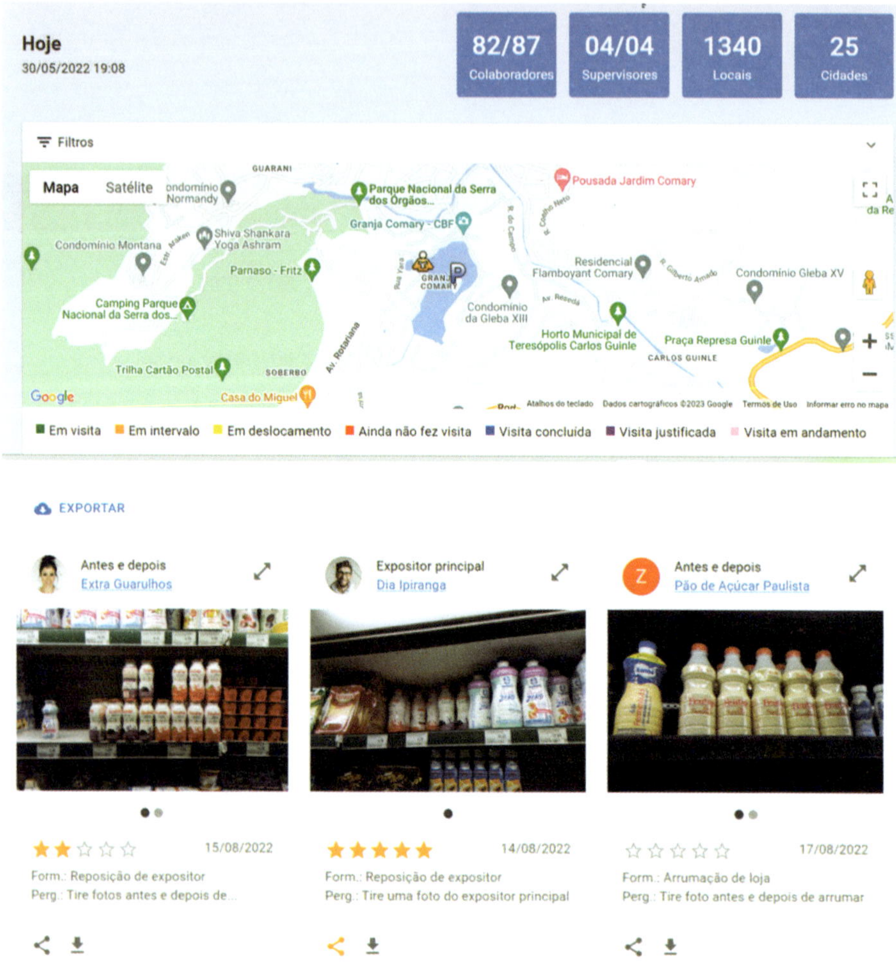

Mão de obra no varejo

A realização das ações de trade marketing nos canais de vendas são realizadas com o apoio de profissionais permanentes e/ou temporários, sempre de acordo com o planejamento traçado.

Equipes de repositores, promotores, merchandisers e demonstradores serão a imagem da indústria perante o estabelecimento e, muitas vezes, perante o shopper que escolhe a sua marca.

As funções desempenhadas são diversas e vão da reposição e arrumação dos produtos nas gôndolas até o levantamento de informações da concorrência.

Para o lojista, são diversos os benefícios de ter uma equipe terceirizada — disponibilizada por seu parceiro da indústria — devidamente qualificada e treinada em sua loja.

Dentre eles podemos destacar:

- troca de informações entre as equipes do varejo e da indústria;
- melhoria da exposição e controle de ruptura;
- apoio a instalação de materiais de merchandising;
- interação com o shopper e fidelização;
- aumento das vendas e do ticket médio;
- controle de qualidade e checagem de preços;
- redução da necessidade de mão de obra própria;
- apoio na reposição de produtos;
- apoio na área de estoques e verificação do FIFO.

Não esqueça que, para bons resultados, é fundamental selecionar uma equipe disposta e engajada. Por isso, vale o esforço para selecionar, realizar treinamentos periódicos e para dar todo o suporte necessário, garantindo assim que o trabalho seja desempenhado da melhor maneira possível e sem maiores problemas.

Uma boa ideia é utilizar, periodicamente, algumas ferramentas para a motivação das equipes externas, como as campanhas de incentivo, os programas de relacionamento e o comprador misterioso.

Outra boa ideia é utilizar a tecnologia, definindo critérios que gerem alertas automáticos relacionados à operação e aos indicadores levantados, programando quando possível o disparo de mensagens automáticas para que os problemas detectados sejam atacados rapidamente.

TELA DE DESEMPENHO NO APP

Sorvetes Tere

Desempenho do dia

Indicador	Valor*
Visitas planejadas	4
Visitas finalizadas	2
Pesquisas realizadas	5
Olho Vivo preenchidos	0
Primeiro check-in	15:31
Check-in no local atual	Em nenhum local no momento
Tempo de intervalo	3min
Último check-out realizado	15:46
Tempo médio de visita	5min
Tempo médio entre visitas	8min

* computados apenas os dados já enviados para o painel administrativo.

FIQUE LIGADO!

É necessário que os objetivos de trade marketing sejam alcançados com uma elevada produtividade e com custos e esforços adequados à importância de cada PDV.

De nada adianta um PDV com tudo perfeito, se para isso houve um custo estratosférico que eliminou qualquer chance de retorno e rentabilidade. Ou seja, é necessário haver um equilíbrio entre o resultado e o esforço feito para alcançá-lo.

Alguns dos parâmetros que norteiam o entendimento quanto à produtividade das ações em campo são:

- quantidade de visitas por dia;
- tempo médio de visitas;
- tempo médio de deslocamentos;
- atrasos e faltas;
- visitas programadas X realizadas;
- duração de intervalos;
- quilômetros rodados;
- tempo de atuação nos PDVs;
- despesas adicionais realizadas;
- outros.

Gestão de equipe em campo

Para uma gestão eficiente do seu time, é importante que sejam definidos — e que fiquem claros para todos — os critérios de avaliação de performance que serão utilizados para o acompanhamento do trabalho realizado. Entre eles:

- Produtividade (tempo por visita, quantidade de visitas/dia);
- Pontualidade (horários de check in X horários previstos);
- Assiduidade (quantidade de ausências não programadas);
- Comprometimento (envolvimento e participação em geral);
- Capacitação (participação em treinamentos, estudo de materiais enviados);
- Qualidade de execução (trabalho realizado conforme parâmetros predefinidos. Ex.: planograma e pontuação de execução de Loja Perfeita).

Através da mensuração de parte ou da totalidade dos itens acima, será possível haver o acompanhamento da equipe, a valorização dos bons profissionais e a rápida correção de rumos sempre que necessário.

Aqui, mais uma vez, a ajuda da tecnologia é fundamental tanto para o gestor quanto para o colaborador, com informações sobre o desempenho da equipe sendo captadas e disponibilizadas em tempo real.

A realização do set-up de uma plataforma de gestão é fruto do planejamento de trade marketing de cada empresa, sendo um passo fundamental para que o fluxo de trabalho e as tarefas a serem realizadas fiquem claros para a equipe que atua em campo, assim como para que o devido acompanhamento e mensuração de resultados possam acontecer.

Na prática, será necessário que o gestor e a equipe de back office façam o input de informações no sistema, como as que seguem:

- Relação de PDVs a serem trabalhados.
- Relação de colaboradores na equipe.
- Definição da frequência de visitas a cada PDV trabalhado (de acordo com cada canal de vendas, rede ou varejo em particular).
- Definição da quantidade de visitas a serem realizadas a cada dia, por cada colaborador (levando-se em consideração a duração desejada de cada visita e o tempo de deslocamento entre elas).
- Definição da relação de varejos sob responsabilidade de cada colaborador e da frequência com que cada um deles deverá ser visitado (semanal, quinzenal, mensal, etc.). Essa relação será a base para o seu roteiro diário de visitas.
- Ordem de visita dos roteiros, de forma a otimizar a distância percorrida, levando-se em conta as limitações e disponibilidades dos PDVs.
- Definições das informações a serem coletadas e/ou pesquisas a serem realizadas em cada visita (podendo variar de acordo com o local e o mix de produtos vendidos).
- Check list de tarefas a serem realizadas em cada local, de acordo com padrões de atuação definidos.

O resultado do input no sistema das informações acima é uma maior organização do processo e das tarefas a serem realizadas a cada dia, e um fluxo de informações mais azeitado e em tempo real.

Dessa forma, cada colaborador em campo terá no aplicativo do seu smartphone todas as orientações necessárias para a realização do trabalho, com destaque para o roteiro de visitas do dia e formulários a serem checados e preenchidos.

Já os times de back office, supervisores e gestores terão o controle das ações da equipe em campo em tempo real (visitas realizadas X programadas, tempo médio de visita e de deslocamento, ausências e intervalos, alertas, etc.), com acesso às informações consolidadas e de cada PDV, referentes à execução de sua estratégia em campo.

Em posse dessas informações, disponibilizadas através de um painel gerencial com mapas, gráficos, fotos e relatórios, será possível um aprimoramento da gestão, com análise eficiente da situação e maior agilidade na tomada de decisões.

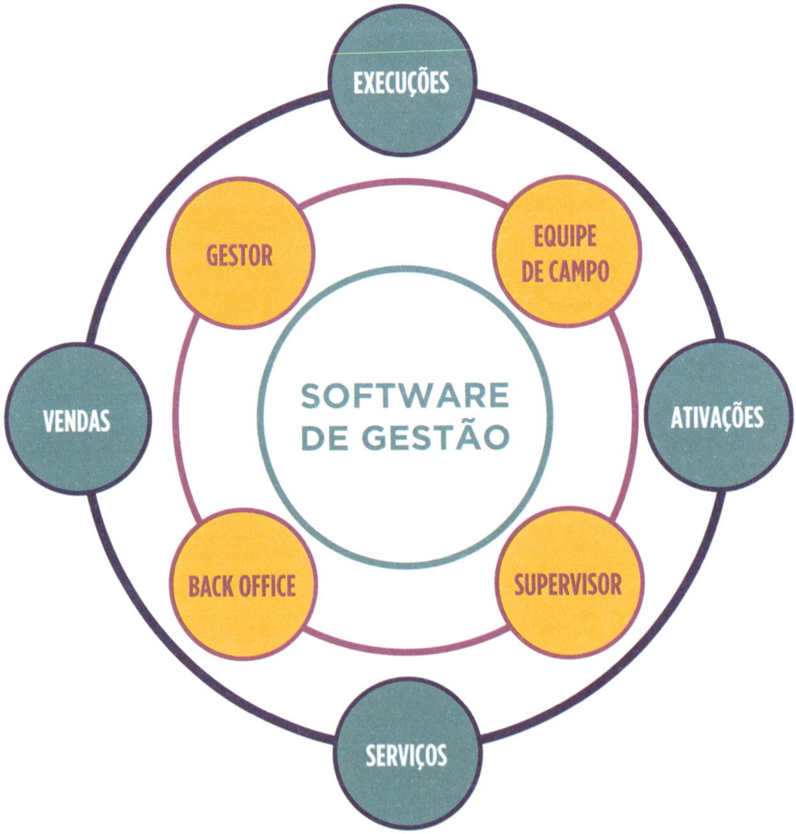

Visão 360°

Uma análise completa e de qualidade em relação a uma operação de trade marketing deve sempre considerar o todo, e não apenas uma parte. Por isso os dois aspectos já aqui abordados devem ser considerados não apenas individualmente, mas também em conjunto:

- Por um lado, a qualidade da execução da sua estratégia no ponto de venda, que pode ser representada pela pontução da Loja Perfeita ou por outros critérios definidos por cada empresa para o seu negócio.
- Por outro lado, a operação azeitada de sua equipe em campo, que garanta maior produtividade e custos dentro do esperado.

Ou seja, é necessário que fiquemos com um olho no peixe e o outro no gato, para assim garantirmos uma execução de alta qualidade, aliada a uma alocação de recursos otimizada, que mantenha a rentabilidade planejada.

De que adianta, afinal, uma execução perfeita em um único ponto de venda, mas que não possa ser replicada devido ao seu elevado custo unitário? A não ser que haja um objetivo pontual para esse gasto elevado em um único PDV, tal gasto não se justifica quando olhamos as necessidades de nossos canais de venda como um todo.

Em outras palavras, mesmo que os resultados de trade marketing estejam sendo alcançados, é importante garantir que o esforço e os recursos despendidos sejam sustentáveis no longo prazo.

Matriz de Execução do PDV

De um lado, **a qualidade da execução** de suas ações nos PDVs e nas ativações de marca que geram experiências e impulsionam a compra pelo shopper.

Do outro lado, **maior controle e produtividade** garantindo a melhor alocação dos recursos humanos envolvidos nas ações em campo (melhor performance da equipe em campo).

Dentro do contexto da Visão 360°, podemos fazer uma análise da performance da execução nos pontos de venda através de uma matriz de performance que chamei de Matriz de Execução do PDV.

Em seu eixo X está a qualidade da execução no PDV, que pode ser mensurada, por exemplo, pela pontuação que o local obteve na estratégia de Loja Perfeita, ou pode levar em consideração outros indicadores, como o volume e o share de sell out no varejo.

No eixo Y está o custo ou esforço da execução no PDV, que pode ser mensurado a partir da quantidade de horas gastas por sua equipe de campo no local e/ou pelo valor investido em bonificações, material de merchandising e promoções, entre outros.

A ideia é plotar cada PDV em um dos quadrantes da matriz, sempre de acordo com esses dois critérios e tendo em vista se os resultados são acima ou abaixo dos objetivos predeterminados.

Em termos de custos de execução, os PDVs que ficam nos dois quadrantes inferiores, são aqueles que possuem custos de execução dentro do objetivo traçado (que pode ser um número que represente a média de custos por PDV, por exemplo). Em termos de qualidade de execução, os PDVs que ficam nos quadrantes do lado direito são aqueles que possuem as melhores pontuações. O ponto de interseção desses dois critérios (custo e qualidade) determinará o local exato e o quadrante em que cada PDV se fará presente na Matriz de Execução do PDV.

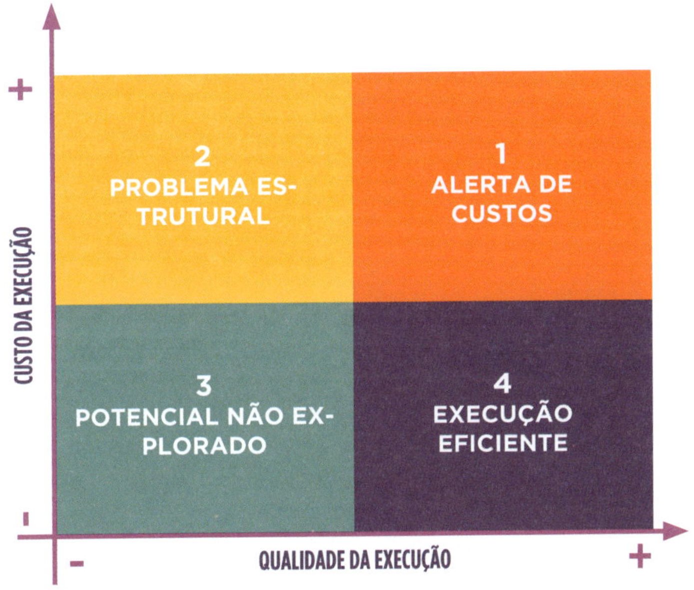

Feito isso, ficará fácil visualizar quais pontos de vendas merecem algum tipo de atenção, e qual deve ser a iniciativa tomada para cada um deles.

O quadrante 1 é o de **Alerta de Custos**. Nele os resultados da execução são favoráveis, porém os esforços para que sejam alcançados podem vir a inviabilizar a operação, uma vez que são mais elevados. Por isso, é importante verificar a fundo os custos envolvidos, para haver certeza de que não existe um desperdício que poderia ser evitado.

O quadrante 2 é o **Problema Estrutural**. Aqui estão varejos que recebem maior investimento e mesmo assim não alcançam a execução esperada. As causas podem ir da má aplicação do esforço no local à má qualidade da parceria com o PDV. Ou seja, é necessário se aprofundar e entender que existe um problema estrutural a ser resolvido.

O quadrante 3 é o **Potencial não Explorado**. Os resultados dos varejos aqui posicionados são abaixo da média, mas os esforços também são reduzidos em relação aos demais PDVs. Nesse caso, existe a necessidade de se explorar a situação e analisar se existe um potencial não explorado no local.

Por fim, o quadrante 4 é o da **Execução Eficiente**. Aqui se encontram os locais que possuem resultados acima da média, apesar do menor custo de operação. Dessa forma, é importante por um lado analisar se o resultado é sustentável no longo prazo, e por outro lado se existem oportunidades de se investir mais para potencializar o resultado do local.

FIQUE LIGADO!

Ao contrário do que acontece com outras ferramentas, em que a mensuração efetiva do retorno sobre o investimento realizado é de difícil realização — por exemplo, o ROI de uma campanha publicitária — **o trade marketing permite uma mensuração direta do esforço realizado na venda adicional gerada em cada PDV**.

Claro que existem diversas influências que podem afetar esse retorno, como atuação da concorrência, sazonalidade, qualidade na execução da ação proposta, etc. Porém, mesmo levando-se em conta essas variáveis, **é muito mais fácil identificar o retorno gerado pelo esforço realizado, uma vez que é ali no PDV que a decisão de compra é realizada**, sendo o resultado do esforço mensurado em vendas.

Palavras finais

O trade marketing não tem segredos, e espero que isso tenha ficado claro neste livro.

Ao longo destas páginas abordamos de maneira simples e direta conceitos e práticas que o tornam uma disciplina indispensável para maximizar a visibilidade de marcas e impulsionar as vendas através da colaboração entre indústria e varejo.

Exploramos também como a tecnologia tem tido um papel relevante no planejamento, controle e insights das operações em campo. É ela que, na prática, vai dar o apoio necessário à sua equipe para a melhor execução da estratégia de sua marca.

Espero que este livro o tenha inspirado a abraçar a relevância do trade marketing. Ao implementar as suas ferramentas com criatividade e eficiência, você poderá alcançar o sucesso mercadológico, estabelecer relacionamentos duradouros com seus parceiros comerciais e proporcionar experiências excepcionais ao shopper.

Lembre-se: o trade marketing é uma ponte estratégica entre a marca e o cliente, um elo vital para alcançar resultados extraordinários em cada ponto de venda. Agora, é hora de aplicar esse conhecimento, inovar e trilhar o caminho de novas conquistas.

“Trade Marketing é, definitivamente, o processo que vai garantir que a estratégia da sua marca se reflita em uma adequada execução no PDV, fundamental para que seu negócio alcance as metas pretendidas”

Sobre o grupo WDG

Eu e meus sócios somos apaixonados por tirar ideias do papel e fazer acontecer.

Em 2002, iniciei junto com Leo Eyer e em seguida com Fred Moura essa desafiante jornada pelo empreendedorismo, criando a agência de marketing WeDo, tendo atendido desde então relevantes empresas com desafios em ativações de marca, eventos, campanhas de incentivo, merchandising, execuções em PDVs e muito mais.

Nos anos seguintes, eu e Leo fundamos o premiado escritório Bold, que executa desde trabalhos de design na área do entretenimento até soluções completas de branding para empresas de consumo de massa e startups de tecnologia.

Além disso, nos juntamos a Rodrigo Pérez e Fernando Carvalho para criarmos a Movin', empresa focada em soluções digitais, uma vez que já vislumbrávamos a necessidade de termos um braço tecnológico.

Em 2019, usamos o know-how acima para lançarmos o Team and Field, um software de gestão de operações em campo, que atua no controle de equipes externas, na execução de ações de trade marketing, no acompanhamento de ativações de marcas e no gerenciamento de serviços rotineiros.

Anteriormente chamado de PDV Info, o atual Team and Field - utilizado por centenas de empresas e milhares de colaboradores em campo — levou inovação ao seu segmento, tornando a solução acessível a empresas de todos os tamanhos.

WeDo

wedo.com.br

TeamandField

teamandfield.com

Bold

bold.com.br

movin'

movin.com.br

PDV INFO

pdvinfo.com.br